사람은 무엇으로 신나는가

사람은 무엇으로 신나는가

1판 1쇄 인쇄 2024년 6월 28일
1판 1쇄 발행 2024년 7월 03일

지은이 양혜숙
발행인 권정민
디자인 강유석
발행처 어티피컬
등 록 2022년 3월 28일(제 2022-000025호)
주 소 (우)04313 서울시 용산구 청파로45길 34(청파동)
이메일 atypical_seoul@naver.com
ISBN 979-11-982905-1-9 (03380)

ⓒ 양혜숙, 2024

이 책은 저작권법에 따라 보호를 받는 저작물이므로 무단전재와 복제를 금하며,
이 책은 내용의 전부 또는 일부를 사용하려면 반드시 저작권자와 어티피컬 출판사의
서면 동의를 받아야 합니다.

* 잘못되거나 파손된 책은 구입하신 서점에서 교환해드립니다.
* 값은 뒤표지에 있습니다.

사람은 무엇으로 신나는가

한국 공연예술의 뿌리를 찾아서

양혜숙 지음

Atypical

서문

한류와 한극

 각 민족마다 언어와 풍습, 종교, 예술 등이 문화에 들어 있다. 문화가 힘이 되는 시대다. 5천 년 한국문화가 방탄소년단(BTS)과 한복·한식·K-POP·K-드라마·영화 등으로 변화해 세계인을 열광케 했다. 한국인의 창의적이고 독특한 문화는 어떻게 생겨났을까. 그 힘의 원천은 '한극'(韓劇)과 '한류'(韓流)다. 한극은 우리 민족의 '정신과 몸짓'으로 무형적이지만 공연예술 안에서 유형적인 '품격과 행위'로 표출된다. 한극은 격조 높은 선비문화와 풍자와 해학이 담긴 서민의 민속 연희가 통합된 우리의 독창적 공연예술 문화다. 그 한극이 대중화되기까지 다양한 과정과 실천적 시도가 있어왔지만, 디지털 시대를 맞아 '한류 열풍'이 세계를 휩쓸며 한국인의 잠재된 끼와 재능이 세계인을 사로잡았다.

한민족 문화의 뿌리는 굿과 같은 샤머니즘과 불교의례, 궁중의례에서 찾았다. 1960~1970년대 우리의 한극은 '뿌리 없는 나무'와 같았다. 또 풍류의 특징은 '다이내믹'과 '다양성'에 있다. 온 세계 민족마다 그 나름의 문화예술 속에 독자적인 풍류와 품성, 철학, 역사 등이 들어 있다. 세계 문화의 다양성은 세상을 아름답게 채색하며, 다채로운 세상을 유지하도록 만든다. 민족들의 문화적 표현 측면에서 보면, 한국의 공연문화가 단연 압도적이다.

무엇보다 춤과 노래는 그 형태와 양상이 매우 역동적이다. 이것이 '한문화' 특유의 신명과 절제미의 진수다. 우리의 풍류는 자유분방함과 신명, 활력에 더해 조선시대 궁중문화 속에서 다듬어진 절제와 고매함이 융합한, 한국문화의 두 축이 어우러진 것이다. 한문화에는 신명과 절제라는 두 축과 절묘하게 표현한 '엇박자' 리듬이 있다. 장구와 태평소에서 엇박자의 근본을 느낄 수 있는데, 우리 민족은 장구와 피리, 대금 등을 배울 때부터 풍류의 근원인 엇박자와 정박자의 미묘한 리듬을 마스터해야 춤이나 다른 류의 음악을 더 빨리 터득한다.

1970년대만 해도 국내 문화와 예술공연계에는 서구의 앞선 예술정신과 공연 시스템 교육만 있었다. 당시 배우들은 서구의 연극을 흉내 냈지만, 몸과 언어 구사법은 서툴렀다. 서구 배우들의 숨 쉬기나 소리내기, 표정 연기 연구가 중심이 되고, 우리의 몸짓과 소리 내기의 기초교육은 거의 전무했다. 그때부터 남의 것 베끼기를 벗어나 우리 뿌리부터 찾자는 뜻에서 우리의 문화예술 정립과 체계화에 매진했다. 이 과정에서 우리 고유의 숨 쉬기와 소리 내기, 말하기, 표정 연기, 상황 연기, 자연관 등을 담은 교재 세 권을 집필하기도 했다.

'한극'이 대중적으로 뿌리내리기까지 여러 단계의 과정과 실천적 시도가 필요했지만, 다행히 세계 속에 정착된 한류 붐으로 한국인들은 자긍심과 자부심을 만끽하는 시대를 맞았다. 하지만 급변하는 21세기 현실 속에서 한극은 지금의 범주에서 벗어나 새로운 모습으로 발전할 필요가 있다. 행동과 실천의 단계로 도약할 시대가 왔다. 가능성은 넓다. 하지만 어떤 특정한 형태로 규정하지 않는 '한극' 정신과 풍류를 지닌 다양한 형태로 나타날 수 있다.

한국문화는 '신명'과 '자유분방함' 그리고 '절제'와 '품격'을 중시한 궁중문화의 두 수레바퀴를 바탕으로 하고 있다. 신명은 한문화의 정수로서 탈춤과 굿에서 만나볼 수 있다. 민속문화 속의 자유분방한 원동력은 500년간 이어진 궁중문화로 깊게 녹아내렸다. 억압과 절제의 체제 안에서도 활력과 절제라는 한문화의 두 축을 조화롭게 유지하며 오늘에 이르렀다. 이것이 K-문화이고 한문화, 또는 한극의 큰 줄기다. 새로운 한류 콘텐츠인 한국의 세계화를 위해 한국인과 정부, 예술단체, 학계, 언론 등이 합심해서 한 차원 더 높은 '글로벌 한류'로 발전시켜 나가야 할 때다.

2024년 6월
양혜숙

차례

서문　한류와 한극　　　　　　　　　　　　　　　　　　4

1. 가장 한국적인 것이 가장 세계적인 것이다

한극의 매혹	14
故조동화 선생과 한국공연예술원	17
한국 공연예술의 보배 '탈춤'	20
무세중의 전위예술 충돌 50년	23
한국 춤의 발전과 오늘의 위상	27
하루가 긴 그러나 꽉 찬 인생, 심소(心韶) 김천흥	30
한국의 '굿당'과 이란의 '타지에'	33
궁중 악·가·무의 재현과 관객과의 소통	37
사직대제(社稷大祭)	40
사회라는 숲속에 자라는 나무	43
우리 앞에 펼쳐지고 있는 새로운 세상	47
치마저고리를 유네스코 문화유산으로	50
이해랑소극장과 한국의 리얼리즘 연극	54
우리 춤의 깊은 맛	57
〈산불〉, 창극의 새로운 장을 열다	60

공연예술사의 정립이 필요하다	63
〈왕조의 꿈, 태평서곡〉	66
〈숙영낭자전〉을 읽다	69
일은 저질러놓고 볼 일이다	72
세종국제무용제	75
한국 연극계의 움트는 봄	79
분장 전시를 어떻게 한다는 거지?	82
故박병천 선생을 추모하며	85
죽어서 이룬 거장의 꿈	88

2. 인간을 인간답게 만드는 힘

나의 첫 번역 작품 〈관객모독〉	92
문화를 지탱하는 힘	95
예술인, 어떻게 살다 어떻게 죽을 것인가?	98
거리 두기와 공연예술	101
물질보다 더 귀한 것	104
뮤지컬과 소리예술의 시장	107
대한민국은 연중무휴 축제 중	110

2008 여석기연극평론가상	113
대중극과 사실주의 연극	116
모조는 창조의 밑거름이다	119
예술가의 자존심과 자만심	122
〈죄와 벌〉	125
서양을 극복할 것인가, 육화할 것인가?	128
환상의 아름다움	131
우리가 얻은 것과 놓친 것	135
감동과 재미 그리고 깨달음	138
융합형 창조의 모범을 제시한 한성준 선생	141
한국에는 언제쯤 셰익스피어가 탄생할까	144
〈위플래시〉와 〈코카서스 백묵원〉	147
공예가 맛있다	151
연극인의 과감한 도전	154
새롭게 빛나는 별	157
〈길 떠나는 가족〉과 〈로베르토 쥬코〉	160
대학로에 핀 봄꽃 〈유도 소년〉	163
〈윤이상, 상처 입은 용〉	166
마고 폰테인의 마지막 무대와 〈카르멘〉	169

별은 빛나고	172
토마스 오스터마이어의 〈리처드 3세〉	175
꿈을 좇아 제작자가 된 사나이	178

3. 내가 가면 그게 길이지

사람은 무엇으로 신나는가?	182
뇌본 사회의 가치체계는?	186
인간에게 문화란 무엇인가?	189
세상도 매미처럼 허물 벗기를 한다	192
어느 특별하고 멋진 음악 혼례식	195
창녕 성씨 고택이 주는 교훈	198
예술가는 문화의 심지가 되어야	201
내가 가면 그게 길이지	204
세상도 세월을 쌓으며 나이테를 만든다	207
문화는 성숙하는가, 진화하는가?	210
외눈박이 물고기가 보는 반쪽의 세상	213
새로운 세상으로 우리를 안내한 천재들	216
자폐인으로 세계적인 동물학자가 된 그랜딘	219

〈싸지르는 것들〉	222
〈스파르타쿠스〉와 〈린치〉	225
융합은 앞으로 나아가기 위함이다	228
한국인의 현주소	231
법과 사람 만들기	234
세련된 대화의 장, 살롱문화	238
스페인과 가우디의 건축	241
우리 문화의 미래, 어린이	244
이 또한 지나가리라	247
자존감과 민족문화의 뿌리	250
외화내빈(外華內貧)	253
깍두기와 엽전을 극복하는 길	256
모두가 뛰어난 인재다	259
나의 제자 삼성 이건희 회장	262
문화도 과학이다	266
추천의 글	269

1
가장 한국적인 것이 가장 세계적인 것이다

2021. 7.

♪

한극의 매혹

'한극', 한국 공연예술을 총칭하는 용어. 한국의 전통 한복은 그에 뿌리를 두고 변화해온 모든 복식을 한데 아울러 일컫는 용어다. '극' 또한 한국공연예술원이 새롭게 명명한 한국 공연예술을 총칭한다. 동시에, 그 속에 속하는 모든 형태의 한국적 공연예술을 총칭하는 용어다.

극은 우리의 전통 제의의 형식에서 태어나, 오늘날까지도 한국인 심성의 깊은 뿌리로 작용하는 굿의 형식에서 파생된 모든 공연예술, 말하자면 덧뵈기, 탈춤, 마당놀이 등이 뿌리다. 더불어 궁중과 민속의 악·가·무, 춘앵무, 처용무, 가곡, 가사, 시조 등 우리 문화의 토대와 상부구조를 일구어낸 모든 공연예술을 총칭한다.

오늘날 세계 속에 한국인의 존재와 위상을 새롭게 부각하며 세계의 젊은 세대를 매혹하고 있는 K-POP을 비롯한 모든 장르의 공연예술을 일컬어 우리는 '극'이란 울타리로 포용하고 있다.

세계는 동양의 두 큰 나라로 대표되는 일본과 중국의 공연예술을 주시하여 중국의 경극, 일본의 노·분라쿠·가부키 등을 오래전부터 접해왔다. 하지만 은둔의 나라 한국은 이제야 발현되고 있다. 또한, 한국인 스스로 수천수만 년의 역사를 뒤로 두고 위대한 발자국을 쌓아왔음에도 아직 그것을 제 것으로 만들지 못했다.

이제야 눈을 떠 자기의 뿌리 더듬기를 하는 한국인에게는 새롭게 다가오는 많은 것들을 정립하고 제것으로 명명해 후손에게 확실하게 넘겨주어야 할 시대를 살고 있는 것이다. 극이란 용어는 이러한 시기에 한국 공연예술을 대변하는 이름으로 세계를 향해 한국 공연예술을 발전시킬 필요에서 탄생한 용어다. 중국의 공연예술을 대변하는 용어로는 오래전에 '베이징 오페라'라는 이름으로 세계 속에 뿌리내렸다.

중국의 베이징 오페라는 원나라시대의 철학을 중시한

'이엔 오페라', 음악을 수려하게 발전시킨 당나라시대의 '곤치 오페라', 그리고 북경을 중심으로 퍼져나간 '베이징 오페라'를 포함한 용어다. 일본의 노, 가부키, 분라쿠 등 장르와 시대를 구분해 발전해온 공연예술은 오래전부터 세계 공연예술계에 각인됐다.

이제야 K-POP을 위시한 한국 공연예술이 세계 무대에서 주목받는 이때를 기해 한국 공연예술계는 예인으로서의 자존심과 자긍심을 일깨워야 할 때다. '-드라마', '-뮤지컬', '-마임' 등 새로운 한국인의 특색 있는 공연예술을 창출해야 한다.

동시에 한국인 스스로를 빛내며 이러한 자긍심의 소산을 함께 모아 빛낼 수 있는 공연예술을 모아보는 공연마당 '한극의 전당'을 마련할 때가 되었다고 생각한다. 그때가 오면 우리 전통 공연예술이 더욱 빠르게 발전하고, 지금보다 더 찬란하게 빛나리라 기대해본다.

2014. 5.

♪

故조동화 선생과 한국공연예술원

1991년 발족한 한국공연예술연구회는 1996년 5월 사단법인 한국공연예술원을 창립했다. 한국의 고유한 배우 훈련법을 개발해 연극의 나아갈 방향을 모색하고, 이에 동참할 배우들을 모으기 위해 〈한국 연극〉 잡지에 광고를 실었다. 이는 우리들의 첫 사업으로, 연극계의 반응에 긴장하고 있었다. 하지만 광고가 나간 첫날 아침 제1착으로 전화가 온 것은 연극계의 어른이 아닌 〈춤〉지의 발행인 조동화 선생이셨다.

"양 선생! 양 선생이 왜 멋있는 사람인가 하고 늘 생각해봤는데 오늘에 이 답을 얻었구먼! 어찌 그리 멋있는 생각을 하고 또 그 일을 실천에 옮길 용기를 가졌단 말이요? 참 멋있어, 어쩐지 멋있더라고!"

조동화 선생의 이 말씀은 축하 이상의 용기를 북돋아주는 말이었다. 오히려 연극계는 반응도 없을뿐더러 관심조차 보이지 않았다. 당시만 해도 '공연예술'이란 단어는 생소해 '한국연극원'이라고 간단한 제목으로 출발하지 왜 굳이 '한국공연예술원'이란 긴 이름을 붙이느냐고 충고를 해주는 사람이 오히려 많았다.

하지만 앞으로 다가올 공연예술의 시대를 준비하고 춤과 소리, 연극이 융화된 새로운 장르 개발을 염두에 두고 출발한 한국공연예술원의 정신과 방향을 조동화 선생은 누구보다도 빨리 알아차리셨다. 그뿐만이 아니다. 그 일이 매우 중요하나 오래 걸리는 힘든 일이라는 것을 알고 계셨다.

조동화 선생은 〈춤〉지 발행인으로, 공연예술 전반의 발전과 전통과의 연계성에서 문화계를 바라볼 수 있는 몇 안 되는 어른이셨다. 현대 춤 발전에 시계를 펼쳐 나가면서 문화계 전반에 예리한 시선을 꽂고 계신 선생님의 이해와 격려는 그 뒤로도 끊임없이 내게 힘이 되고 참고가 되었다.

특히 전통 공연예술에 관심과 뿌리를 두고 사업을 펼쳐 나가던 우리에게는 이두현 교수와 절친이셨던 조동화 선생의 충언과 격려가 큰 힘이 되었다. 한국공연예술원은 출발할 때부터 춤계의 조동화 선생과 연극계의 이두현 선생, 여석기 선생, 이 세 분을 고문으로 모시게 되었다. 이 세 분들의 고견을 귀담아들으며 오늘에 이르고 있다. 이제 한국공연예술원이 출발한 지 18년째, 이두현 선생과 조동화 선생은 유명을 달리하셨다. 여석기 선생은 한국공연예술원의 일을 담 넘어 동네일 보시듯 하시다가 이제야 관심을 두기 시작하셨다.

물심양면으로 따뜻하게 충언하시던 조동화 선생의 관심 어린 충언과 격려가 그 어느 때보다 그리워지는 것은 우리의 갈 길이 아직 멀고 험하게 느껴지기 때문이다.

2021. 9.

♪

한국 공연예술의 보배 '탈춤'

우리나라 전통예술을 살펴보면 오늘날과 같은 첨단의 소용돌이 문화 속에서도 우리 문화의 속살을 잃지 않고 있음을 느낀다. 전통 공연을 볼 때마다 우리 민족에게는 전통적인 문화의 깊은 뿌리를 감지하게 하는 힘 있는 보고를 발견하게 된다.

'굿'이 우리 민족 정서의 깊고 폭넓은 보고의 샘이라고 한다면 '탈춤' 또한 그에 못지않은 활력과 재치, 사회를 보는 예리한 비판 정신, 해학과 유머를 품고 있다. 풍자와 해학으로 세상을 다시 보게 하는 힘이 있는 것이다. 바로 그 힘과 예지가 탈춤이라는 장르를 수천 년이 지나오는 동안에도 살아 있게 하는 힘으로, 한국인의 사회 속에 여전히 남아 있게 하는 힘으로 작용하는 것이다.

탈춤에는 농경시대부터 비롯한 흔적이 여전히 짙게 녹아 있다.

삼국시대를 거쳐 고려, 조선을 내려온 불교의 사회 속에서 단순 소박하면서도 군림해온 승려 계급의 일탈과 허위, 조선시대의 양반계급 사회 속에 뿌리내린 폐습과 허세, 그리고 무감각, 그 속에서 생성된 거칠지만 예리한 비판 정신, 그 모순되고 부조리한 사회의 양반과 높은 자의 부조리를 해학과 풍자로 싸안은 것이다. 그러면서도 탈춤, 탈놀이가 세기를 뛰어넘어 지금까지 살아 있게 한 것은 마당 안의 주인공들과 마당 밖의 구경꾼이 하나가 되는 '얼쑤'와 '좋구나' '잘한다'의 추임새가 있다. 마당의 안과 밖, 연희자와 구경꾼이 하나 되며 삶의 부조리와 어처구니없는 엉뚱한 결말을 웃음과 즐거움으로 받아들이는 여유와 화평의 장으로 인도하는 것이다. 여기에 한국인의 참모습인 여유와 풍류를 아는 정신이 깃들어 있다.

이는 중국의 탈놀이와는 엄연히 구별되는 한국인만의 넉넉함이 깃들어 있는 것이다. 우리 민족은 지역마다 특색 있는 탈춤을 발전시켜왔다. 오늘날에는 탈의 역사와 그 전형을 엿보이게 하는 하회탈춤, 북청사자놀이, 봉산탈춤, 고성오광대 등 각 지역의 특징을 지니면서 발전해온 13가지의 탈놀이가 존재한다. 다행히도 1967년부터 1970년을 전후해 문화재로 등록이 되었다. 최소한 그 역사를 보존하며 그에 따르는 인재를 양성하며 오늘에 이르고 있다.

    탈춤의 13가지 유형은 유네스코 세계문화유산 등재 과정을 밟고 있다. 이를 사전 축하하기 위한 마당으로 남산한옥마을에서는 8월 13~15일 '가장무도 추는 사람들'이라는 타이틀을 걸고 탈춤 마당을 펼친 바 있다. 춤과 소리와 연극이 관객과 하나가 되는 형태와 구성이 앞으로 다양한 유형으로 끝없이 발전하기를 기대해본다.

2011. 2.

♪

무세중의 전위예술 충돌 50년

'무세중' 하면 공연예술계에서는 거의 모르는 사람이 없다. 아니 공연계뿐만 아니라 문화에 조금이라도 관심이 있는 사람이면 "아! 그 사람!" 할 정도로 그는 유명하다. 그 유명세에는 긍정적인 면과 부정적인 면이 늘 함께 따라다닌다. "아! 그 벗는 사람!", "아직도 벗는 연극을 하나요?", "난 어쩐지 그로테스크해서…."라고 말하는 사람이 있는가 하면, "전위예술의 대가지요!", "이 땅에 무세중이 없었으면 잔혹 예술 그 후예가 있었겠습니까!"라고 평가하는 사람도 있다.

그는 소위 한국의 전위예술의 계보에 맨 앞줄에서 기국

서, 강만홍, 심철종 등으로 이어지는 반항아 예술가들 선두에 서 있다. 하지만 그의 행동반경은 전위예술로 한정지어지지 않는다. 팔십을 바라보는 나이에도 그는 여전히 도전하고 창작한다. 추우나 더우나 벗는 것이 필요하면 서슴지 않고 벗고, 온몸에 물감을 바르고 나선다. 간암 수술이 남긴 가슴과 배 한복판의 활주로 같은 흉터의 궤적도 그의 몸 일부로서 예술의 한 표현을 담당하고도 남는다.

어찌 보면 그의 예술은 다듬어지지 않고 무작위적이다. 세련되지 못하고 너무 '들이대는' 느낌을 주어 감동하기 이전에 혐오감을 자아내기도 한다. 어쩌면 남과 나의 다름을 용납하지 못하고 튀는 것을 두려워하며 자기보다 나은 사람이나 다른 사람을 포용하지 못하는 한국인의 정서에 도전장을 던졌는지도 모른다.

그의 '무세중'이라는 폭탄을 던져 파장을 일으키고 싶은 그의 욕망이 자신을 사회적 반항아로 자리매김하게 나섰는지 모른다. 몸을 내던져 부서지고 깨지는 것은 아랑곳하지 않는다. 내 안에 있는 충동, 사회를 바꾸고 싶은 간절한 소망으로 몸에 먹칠을 하고, 깨고, 부수며 작품을 발표할 때마다 '충돌'을 일으키고 싶은 것이다.

그의 솟구치는 욕망은 다행인지 불행인지 우리 사회에서

는 그리 큰 파장을 못 만들어낸 채 50년의 예술 인생을 이끌어오고 있다. 그의 예술 활동이 하나의 통념으로 문화사 속에서 사라질 뻔한 상황에서 〈무세중의 전위예술 충돌 50년〉이 출간되어 그의 작품을 연보 식으로 정리하면서 우리는 그를 다시 한 번 접하게 된다.

· 제1기: 1959~1979년. 한국의 민속과 전통과 싸우며 자신을 만들어가는 시기. 뮌헨에서 타문화와의 충돌을 통한 자기 찾기 시기

· 제2기: 1980~1989년. 귀국 후 한국 사회의 부조리와 군부의 억압과 충돌하며 반(反) 그리고 통, 막, 살, 민(民) 상가 등으로 표현되는 잔혹극의 당위성 찾기

· 제3기: 1990~1999년. 예술을 통한 구원자로서 다시 굿의 형태 속에서 민중과 사회를 구원하며 스스로 제사장으로 변신하는 시기

· 제4기: 2000~2007년. 통일을 문화로 풀고, 통일을 준비하기 위해 다시 옷깃을 여미고 환경을 위한 굿과 통일 아리랑, 솟대 아리랑 등의 화해와 아름다움으로 잔혹극에서 우아함을 찾은 시기

무세중의 모든 것을 만나보며 우리가 이해하지 못했던 그의 깊은 전통 사랑, 인간 사랑, 사회 사랑이 얼마나 진지했

는가를 알 수 있다. 하마터면 놓치고 잃어버릴 뻔한 한국 문화사의 또 하나의 궤적이다.

2010. 1.

♪

한국 춤의 발전과 오늘의 위상

"한 나라의 지도자상은 그 나라 국민 수준에 버금간다."

역사가 아놀드 토인비가 한 말이다. 마찬가지로 한 나라 예술작품의 완성도와 수준은 그 나라 관객 수준에 버금간다고 말할 수 있다. 한국 연극의 발전상을 보면서 그 수준이 답보상태에 머물러 있거나, 그 발전이 눈에 보이지 않을 때, 극작가나 연출가들을 나무라기 이전에 연극을 받아들이는 관객의 수준에 그 공과를 돌리게 된다. 이것은 어쩔 수 없이 예술과 관람자의 관계가 달걀의 흰자와 노른자의 관계처럼 하나를 이루고 있기 때문이다.

한국의 오늘을 대변하는 연극인 오태석, 손진책, 이윤택

등의 작품을 보면서 늘 아쉬운 점은 그들의 작품이 지니는 완성도와 세련미가 어느 수준을 껑충 뛰어 넘어야겠는데, 그 '뛰어넘기'가 도무지 이루어지지 않고 있기 때문이다. 이는 관객의 책임이 매우 크다는 것을 자타가 인정하면서도 달리 방법이 없기에 안타까울 따름이다. 연극 분야에서 정체된 발전이 춤과 음악 분야에서는 어떻게 진행되고 있는지 궁금하기도 하다. 오늘날 춤과 음악이 없이는 어떠한 공연예술의 장르도 관객 앞에 다가설 수 없음을 여러 장르의 새로운 시도에서 보아온 지 오래다.

나는 어깨너머로 봐온 춤의 장르에서도 늘 답답함과 안타까움을 느껴오던 터이다. '우리를 뛰어넘어 세계성 확보'에 다가서고 있지 못하고 있기 때문이다. 말하자면 예술이 '일상의 뛰어넘기'를 이룬 완성도에서 오는 세련미와 자유로움을 선사하지 못하고, '노력의 쳇바퀴'를 넘어서지 못하는 안타까움과 답답함은 예술을 사랑하는 사람들에게 실망과 허탈감을 주었다.

그러나 나는 이번 '2009 대한민국무용대상' 공연을 보면서 우리나라 춤계가 '뛰어넘기', '세계성 확보'에 성큼 다가서고 있음에 너무나 행복했다. 특히 '솔로&듀엣 심사위원 추천 명작 초청작' 김복희, 국수호, 이정희, 배정혜 등 무용계 원로로 꼽히는 네 사람의 '춤의 무대'를 보며, 한국 춤계가 '뛰어넘기'를 거쳐 '자유로움'과 '창조의 성숙미'의 단계에 도달했음을 느낄 수 있었다. 오랜만에 공연예술계에 대한 안타까움과 답답함이 해소됨을 느꼈다.

김복희의 〈신부(新婦)〉, 국수호의 〈신무(神舞)〉, 이정희의 〈검은 영혼의 노래〉, 배정혜의 〈혼령〉, 이 네 작품은 독자성과 누구도 흉내 낼 수 없는 창작 어법, 더 나아가 '극'(劇) 만이 지닌 해학과 풍자를 넘어 유머의 경지까지 이루고 있었다. 오랜만에 춤이라는 장르가 가지고 있는 무대 위에서의 아름다움과 자유로움을 발산해 관객의 가슴 속에 보이지 않는 품위와 멋, 한국 춤에 대한 행복한 안도감마저 선사했다. 춤계가 이루어낸 오늘의 쾌거에 감사와 찬사를 보내며, 모든 춤계 인사들의 노력에 더욱더 큰 영광의 앞날을 기대해 본다.

2007. 9.

♪

하루가 긴 그러나 꽉 찬 인생,
심소(心韶) 김천흥

    기울어가는 조선왕조, 곧 스러질 국악의 운명 두 어깨에 짊어질 12살 무동 김천흥. 순종 황제 오순 경축 잔치에 고사리 같은 그의 춤은 고귀한 학(鶴)의 모습이었다. 선생은 3·1 만세 속박의 긴 세월과 8·15 해방, 6·25 동란의 민족 상잔을 겪어냈다. 이후에도 4·19, 5·16, 5·18의 험준한 군사정권부터 가파른 과도기를 지나 글로벌 시대가 오기까지 조국의 험난한 운명을 악·가·무로 관통하였다.

    깃털같이 가벼운 몸짓, 그 미소 속에 융해된 우리의 악·가·무를 향한 열정 하나로 일생을 살아온 김천흥 선생은 사나이 중의 사나이, 스승 중의 스승으로서 온몸으로 혼란의 시대를 이겨낸 춤계의 어른이셨다. 그는 춤과 소리를 넘나들며 모든 우리 악기(해금, 양금, 아쟁, 단소, 거문고, 가야금)를 섭렵했다. 우리의 정신을 찾아 길고도 긴 여정을 보냈다.

집 팔아 전셋집으로, 전셋집에서 월세 집으로 살림을 줄여가며 우리의 춤극 완성을 위해 제자를 키우고 창작과 이론을 뛰어넘었다. 그렇게 한국 최초의 춤극 〈처용랑〉이 탄생하였고, 〈만파식적〉을 완성했다. 또 〈한국 무용의 기본무보〉 완성, 〈정악 양금보〉, 〈정악 해금보〉, 〈정재무도홀기 창사보〉를 발간했다. 끝없이 타오르는 그의 열정의 심지는 우리 조상의 얼 속에 엉킨 삶의 실타래를 풀어갔다.

이왕직 아악부·국립 국악원에 몸을 담은 그는 부르는 곳이면 어디든 달려갔고 하와이 음악대학 객원교수로, 한국의 전통예악 지킴이로 평생을 보냈다. 또한 한국 공연예술의 뿌리를 찾고자 세워진 한국공연예술원의 이사장을 맡아 우리 것 세우기에 발 벗고 나서기도 했다. 그의 열정은 그것으로 족하지 않았다. 무형문화재 예술단 단장 등 몸이 열 개여도 못다 했을 그 많은 일들을 해냈다.

다행히도 헛되지 않아 그는 영광스러운 모든 상을 다 받았다. (중요무형문화재 제1호 종묘제례악 기능 보유자,

중요무형문화재 제39호 처용무 기능보유자, 대한민국 예술원 종신회원 등) 백 년의 세월 동안 국악 사랑의 씨앗을 뿌린 그는 이제 한국 무용계를 넘어 한국 국악계, 더 나아가 한국 공연예술계에 영원한 귀감이 되어, 모든 제자들이 닮고 싶어하는 스승이자 사랑받는 큰 어른이다.

선생은 모든 열정을 쏟아 마음껏 펴시고 행복하신 가운데 큰 뜻을 우리에게 보이셨다. 또 후대에 남을 업적을 남기셨으며 옳고 그름을 알고만 있지 않고 몸소 실천하셨다. 사심 없이 일하는 열정에 나를 불사르며 제자에게 귀감을 보여주시고, 나를 버림으로써 세상을 얻고 그 업적을 통해 영광을 얻으신 참스승이셨다.

심소 김천흥 영전에 감히 그리움과 존경으로 이 글을 보내 드리나이다. 우리 전통예악의 낙원을 일구신 아름다운 분이시여, 제자와 후배들에게 뿌리내린 국악 사랑과 일 사랑은 찬란한 학(鶴)이 되어 우리 미래의 창공을 수놓으며 아름다운 무지개로 꽃피우시라.

2011. 5.

♪

한국의 '굿당'과 이란의 '타지에'

 한국 공연예술의 원형으로 '굿'을 주시하게 되면서 나는 한국의 여러 형태의 굿을 보아오고 있다. 또한 굿을 민속학, 종교학, 인류학의 관점에서 연구하는 여러 학자를 만나보기도 하고 그들의 글을 읽기도 하면서 어깨너머 공부를 해온 지 한 20년은 된다. 굿이 가지고 있는 형태가 원형 드라마(Ur-drama)의 뿌리라는 관점에서 굿, 제의, 축제의 성향을 어떻게 지금의 우리 공연예술에 적용시키고 수용할 것인가 하는 질문은 나에게 끊임없는 고민을 안겨준다. 그러는 가운데 가장 가슴 아픈 일은 굿이 겪어온 고난의 역사가 바로 우리 민족의 역사보다 더 가혹했다는 것이다.

　무당이나 박수가 제사장의 위치(단군시대)에서 무수리로 전락하고, 왜정시대의 폭정 속에서도 살아남았지만 다시 서양문화와 기독교로 인해 무시당했다. 이것은 우리 문화의 뿌리인 굿에 대한 잘못된 이해이다. 무식한 사람들의 소행으로 치부되어 그들은 산속으로 쫓겨난 것이다. 다행히도 60년대에 도입된 무형 인간문화재 제도 속에 몇몇 무속 행위는 보호를 받게 되었다. 또한, 일부는 후진 양성에도 기회가 주어지고 있지만, 그나마 지정받지 못한 무당들은 존립이 어려워 거의 사라지고 있다.

　며칠 전(4월 17~18일) '황해도 소머리굿'의 인간문화재인 이선비 무당의 신 내린 지 50주년이 되었다. 이날을 기념해 자신이 모시던 신당을 50대 후배 무당인 김혜숙에게 물려주는 진적굿(만신의 강신이 이루어진 날을 잡아서 자신의 몸주신과 여타의 신격에 감사의례를 올리는 굿)을 하게 되었고, 나는 그 자리에 참석하는 귀한 시간을 가졌다. '황해도 소머리 굿'을 전수하고 연극인으로 굿의 모든 것을 계승하고 있는 연극인 부부 이상희, 최경희 씨의 안내로 오랜만에 진적굿을 하는 굿당을 찾아 좁은 길을 헤매며 올라가, 산 중턱에 자리잡은 불편하기 짝이 없는 시멘트 구조물의 굿당으로 들어섰다.

그러나 우리 문화유산으로 소중히 보존해야 할 굿당을 이렇게 초라하고 품위 없이 산속으로 몰아내고, 어찌 우리 공연예술의 뿌리인 '굿'을 지켜낼 수 있겠는가! 나는 2003년 운 좋게도 이란의 '파지르 국제 페스티벌'에 초청되어 이란의 공연예술계를 돌아볼 기회를 경험했다. 그중에서도 더욱 운이 좋았던 일은 이란의 원형 드라마에 준하는 성극(聖劇) 〈타지에〉 공연을 보게 된 것이다. 오래된 이란의 사원에서 직접 관람할 수 있었는데, 노인과 아이들이 모두 손수건으로 눈물을 닦으며 성인(聖人)이 겪는 고초를 함께 체험하는 아주 특별한 공연이었다.

특히 너무 요란하지 않게 동반되는 브라스밴드는 실내에서나 실외에서 그 소리의 크기 조절로 관객의 심금을 울리는 데 큰 몫을 하며, 종교의식 공연의 백미를 자랑했다. 〈타지에〉 공연을 보고 피터 브룩은 〈빈 공간〉이란 책을 내어 서양 연극 공간에 혁명을 일으키며 자신의 연극 세계를 바꾸어갔다. 우리의 굿이나 무당도 어떻게 하면 무형문화재로서 온전한 대접을 받으며 그 구성이나 전개, 그 속에 숨어 있는 춤과 악이 제대로 조명받게 할 수 있을까.

우리 공연예술계나 전문학자들이 전통예술의 계승을

위해 해야 할 일이 무엇인가. 굿이나 보고 떡이나 먹는 학자들이나 구경꾼이 되는 것이 아니라 더 사라지기 전에 확실하게 복원하고 유네스코에 '굿'이라는 이름이 무형문화재로 당당하게 등재될 날을 기대해본다.

2012. 7.

♪

궁중 악·가·무의 재현과 관객과의 소통

 한국 공연예술의 뿌리를 보면 참으로 다양하고 융합적이다. 다만 우리 공연예술의 뿌리를 돌아보고 그 근원을 찾아 '우리화'하기에는 너무 많은 길을 되돌아오고 있다. 제3 세계권 나라들이 대부분 그러했듯 온 세계는 서양인의 눈으로, 서양 문화의 잣대로 자체의 문화와 정신을 보는 데 익숙해져 있기 때문이다. 그리하여 정작 자신들의 문화를 자신들 스스로의 역사관과 정신사적 관점으로 꿰뚫어보기에는 오랜 세월이 걸렸다. 그러한 상황은 지금도 여전하다. 단지 한국인이 자긍심을 가지고 스스로를 돌아보는 시점으로 역사가 자리를 잡기 시작한 것은 그리 오래지 않다.

우선 한국 공연예술의 뿌리는 오랫동안 민중과의 생활을 관통해온 '굿'의 시원적 모습과 총체적 퍼포먼스의 양상에서 융·복합적으로 표현되는 한국인의 정서 그 표현 세계이다. 그 정신에 깃들어 있는 에너지는 스피드와 활력의 보고(寶庫) 그 자체다. 그런가 하면 불교의례의 규모와 스펙터클은 무시할 수 없는 또 하나의 정신적 지주로 꼽을 수 있다. 다만 현대에 와서 스피드의 문제가 어떻게 극복되어야 할 것인가는 고민할 과제이다.

한국인의 품격과 고귀함을 보여주는 궁중의례와 불교의례, 이 두 의례의 예술성은 압권이라 하지 않을 수 없다. 국립국악원은 5월 12~13일, 세종 탄생 615주년을 맞아 악사 240명, 무용수 160명이 출연한 〈세종조 회례연〉을 경복궁 근정전에서 성대하게 거행했다.

〈세종조 회례연〉은 세종 15년(1433년)에 음악문화의 집대성한 모습을 우리에게 전하는데, 이는 조선조 후기의 궁중문화와는 다르다는 것을 입증하고 있다. 한민족의 우주관, 자연관, 색채관, 시·공간 관은 여타 민족과는 다르며 독창적인 체계를 갖고 있다. 우리 민족은 음률, 음고, 음정에 대한 독자적 '율'의 체계화를 위해 율관을 제작하는 등

'동율도량형'(同律度量衡)이라 해서 도량형 제도의 기본으로 삼았다.

세종대왕은 음의 높낮이와 시가를 동시에 표현할 수 있는 정간보를 창안했다. 음률의 체계화는 곧 정확한 음정을 가진 악기의 제작과 연결된다. 고정된 음률을 필요로 하는 편종, 편경을 율학에 기초해 제작하게 된 것은 음악의 독립과 같은 의미를 지닌다. 세종대왕은 제례(祭禮), 회례(會禮), 조례(朝禮) 등 아악을 정비해 새로운 악곡 등을 창제하고 악보를 만들어 음악을 기록하는 등 음악사적으로 위대한 족적을 남겼다.

경복궁 근정전에서 치러진 〈세종조 회례연〉은 세종으로 분한 연극인 강신일의 낭랑한 목소리와 400여 벌의 정교하고 격조 있는 의상, 그리고 춤과 어우러진 음악을 통해 관람객에게 참으로 격조 높은 '하늘의 소리'(Sound of the Heaven)를 들려주었다. 음악으로 격상된 관객의 마음을 고매한 경지로 끌어올리는 데 큰 힘을 발휘했다.

그 행사에서 아쉬웠던 점은 공연의 진행이 격이 높고 철저한 것에 비해 관객에 대한 배려와 대접, 소통에는 무관심했다는 것이다.

2015. 1.

♪

사직대제(社稷大祭)

 근현대에 들어와 한국인은 기록을 소홀히 하여 역사를 모르고 민족의 정기를 무시하며 살아간다. 우리는 부끄러워할 줄 알아야 한다. 조상이 남긴 과거의 기록에서는 〈조선왕조실록〉 같은 훌륭한 역사 기록이 있었다. 지금의 우리 세대는 오랜 기간 민족의 자기비하 발언을 들으며 교육받고 자라왔다. 하지만 나는 우리 문화 속에 겹겹이 쌓여 있는 귀한 기록과 그 기록의 재현을 보면서 우리 선조들의 치밀함과 창의성에 감탄을 금할 수 없다.

 텔레비전에서 정조시대 의궤를 바탕으로 한 혜경궁 홍씨의 〈회례연〉 재현을 보면서 우리 민족의 살아 있는 기록

정신이 오늘날까지 이어져 면면히 흐르고 있음을 감탄한다. 이에 그동안 움츠려 있던 개인과 민족이 자긍심과 자존감을 되찾고 있음을 본다.

한 해가 저물어가는 12월 12일, 국립국악원은 그동안 까맣게 잊혀 있던 〈사직대제(社稷大祭)〉를 성실히 재현해 보여주었다. 우리나라의 국가적 제례 행사 속에 담긴 선조들의 면밀하고 단아하며, 격하지도 넘치지도 않은 절제와 격조로 일관하는 정신과 정성을 접할 수 있게 해주었다.

사직(社稷)은 토지의 신인 사(社)와 곡식의 신인 직(稷)을 가리킨다. 이 두 신의 신위와 제사 지내는 단을 만들어 모신 곳이 사직단(社稷壇)이고, 이 두 신에게 국가의 안녕과 풍요를 기원하면서 올리는 제사가 사직제(社稷祭)다.

농본국인 우리나라의 사직제는 이미 삼국시대부터, 고구려(392년) 때 국사로 세워졌고, 신라 선덕여왕 4년(783년) 처음으로 사직단을 세운다.

조선 태조 3년(1394년) 사직단이 종로구 사직동에 세워져 사직제가 지내져오다가 1908년 외침에 의해 중단되었다. 사직제는 1988년에 비로소 다시 치러지지만, 그 내용은 미비하고 엉성한 상태였다. 특히 제례악이 제대로 복원되지 못했다. 하지만 이번 중앙국립국악원은 국립국악원 연구실장 송지원을 중심으로 문헌 고증을 면밀히 검토한 토대 위에 사직대제의 재현을 훌륭하게 치러냈다. 특히 사직제의 기록이 충실한 〈세종실록〉, 〈오례(五禮)〉, 성종대의 〈국조오례〉, 영조대의 〈국조속오례의〉, 〈국조속오례의 서례〉, 정조대의 〈국조오례 통권〉, 〈춘관통고〉, 조선이 황제국을 선언한 이후의 〈대한예전〉 등의 상세한 내용을 검토했다. 이번 재현은 조선의 르네상스기를 구가했던 정조대의 국가 제례악을 살려 장엄미와 정제미를 선보이고 있다.

우리도 모르는 사이에 자기비하와 모멸감에 갇혀 살아온 지난 세월 속에서 우리의 조상이 이루어놓은 값진 전통의 깊숙한 속살을 살펴볼 겨를이 없이 '잘살아보자'라는 일에만 매진해왔다. 이제 다 함께 숨을 고르며, 우리 문화 속에 흐르는 격조 있는 삶의 태도를 되찾아야 한다.

역사 속의 세파를 살아오면서도 절제와 균형을 잃지 않고 지킨 선조들의 고매한 정신을 다시 몸과 정신 속에 일으켜 세울 때가 되었다고 본다. 천민 사상을 버리고, 균형과 절제를 우러러볼 수 있는 여유와 인격을 되찾았을 때가 된 것이다. 우리의 고매한 전통 속에서 은은한 향기와 유장한 선율을 음미해보자.

2007. 8.

♪

사회라는 숲속에 자라는 나무

　나는 오늘 '한국여성연극협회'의 탄생 배경과 그 발전 과정을 서술하고자 한다. 후배 여성 연극인들이 어떤 마음으로 임해야 이 기구를 연극이라는 극예술 위치보다 더 큰 테두리의 공연예술이라는, 더 나아가 세계라는 큰 사회에서 올바른 기능을 하는 단체로 발전시킬 것인지에 관해 짚어보고자 함이다.

　한국여성연극협회의 잉태는 며칠 전 작고하신 박현숙 극작가와 수년 전에 돌아가신 강성희 극작가의 채근에서 그 태동의 실마리를 찾아볼 수 있다. 아마 1991년으로 기억한다. 캐나다 토론토에서 시작된 세계여성극작가대회에 다녀온 박현숙 선배가 당신들은 이미 나이가 많으니 나보고 나서서 한국여성연극협회를 구성해달라는 요구가 성화 같았다.

당시 막 발전하기 시작한 연극평론계 선배들의 독촉과 급변하는 세계 현상과 급부상하는 여성계의 부각에 따라 한국에도 그에 부응하는 단체를 만들 필요가 있는 시기였다. 당시 선배 세대의 백성희(연기), 박현숙(극작), 강성희(극작), 이병복(무대미술), 강유정(연출) 선배들이 초대에 이어 회장직을 이어갔다. 이후 한 5~6년 후에는 기구의 모습이 갖추어질 듯해서 회장을 추대했다. 또 미국에서 여성연극을 주제로 박사학위를 마치고 온 심정순 교수를 사무국장으로 추대했다. 그렇게 해서 강유정 회장과 심정순 사무총장으로 정착된 것으로 나는 마음 가볍게 그 일에서 손을 떼었다.

하지만 한국여성연극협회 회장으로 단체를 이끌어가기 버거웠던 강유정 회장은 정년 후에 내게 이 단체를 맡겨 2년 임기를 이끌며 해외 관계 사업과 워크숍 등 모양을 갖추었고, 심정순 회장에게 넘겼다. 다행히 심정순 교수가 이끌어가던 한국여성연극협회는 처음에는 잘 이어가며 발전하는 듯했다. 그러나 6년이 넘어도 회장 교체가 안 되며 그동안에 여성 연극인 수가 늘었음에도 임원진 교체가 안 된다는 불평이 많아졌다. 다시 선거를 치러 윤시향 교수(국내 담당), 심정순 교수(국외 담당) 2인 공동회장 체제로 구축해 극작가상, 연출가상, 평론상 등의 시상제를 도입해 몇 년을 지탱해 나갔다.

그 후 심정순 회장이 물러나고 이승옥 회장 단일 체제로 9년을 이끌었다. 이승옥 회장은 여성연극인회가 이끄는 심포지엄과 '올빛상'을 제정해 상패와 상금도 수여하며 회의를 잘 이끌어왔다. 하지만 9년을 지나오면서도 법인체 구성 약속은 이행되지 않았다. 다시 후배 연극인들은 유근혜 교수를 추천했고 6년을 이어오며 '여성연극공연' 사업을 발전시켜왔다. 여성연극협회는 그동안 배우, 극작, 연출, 극평 등 여러 분야에 많은 여성 연극인들이 포진되었다.

이를 계기로 이제 식구가 많아진 한국여성연극협회는 그동안의 숙원이던 법인화를 공약으로 내걸고 강선숙 배우와 김국희 연출이 대결해 모처럼 선거다운 선거를 치렀고 강선숙 배우가 회장으로 당선되었다. 강선숙 회장은 법인체 만들기 약속을 지키려 불철주야 노력하고 있다.

이제 한국 연극계에 한국여성연극협회가 어려운 환경

속에서도 그 싹을 뭉개버리지 않고 당당하게 한 그루의 나무로 우뚝 설 조짐이 확실해졌다. 다행히도 이제 여성 연극인들의 수와 열정이 하나의 단체로 존립하는 데 기본은 갖추어진 것으로 보인다. 손색이 없는 나무로 크기를 간절히 바란다.

2019. 7.

♪

우리 앞에 펼쳐지고 있는 새로운 세상

나는 1996년 5월 한국공연예술원을 설립하고 지금까지 '한극 만들기' 작업을 추진해왔다. 우리 공연예술의 뿌리 찾기를 위해 우선은 ① 우리의 소리(호흡) ② 우리의 몸짓 ③ 우리의 표정 등 우리 민족 고유의 전형을 찾아 세우려고 노력하는 동안 세상은 너무도 빨리 발전했다. '극 만들기'를 위해서는 관객의 의식을 위해서라도 '세상 알기 공부'를 함께하지 않으면 안 되겠다고 생각했다.

그리하여 매달 한 번씩 전통 속의 우리 뿌리 찾기 '샤마니카 세미나'를 운영하며 오늘에 이르던 중, 공연예술계가 아닌 산업계에서의 변화를 알고 싶어 미국에 삼성전자의 새로운 보금자리를 구축한 이해민 회장을 찾아 나의 의도를 얘기했다. 그 당시의 얘기와 전자산업계의 발전과정에 대해 청해 듣고자 한다고 강연을 청했다.

그랬더니 이해민 회장은 "선생님, 지나간 얘기는 들어 무얼 합니까? 요사이 세상이 어찌나 빨리 돌아가는데요. 젊은이들이 추진하는 클라우드 세계의 확장과 그를 통해 구축해가는 새로운 산업 세계의 면모를 너무나 극명하게 보여주는 '스파크랩 데모데이 13'(SPARKLABS DEMO DAY 13) 행사에 초대해드릴 테니 이사님들 몇 분하고 함께 오세요."라고 하는 것이다.

우리 일행은 젊은이들 틈에 끼어 행사 현장으로 안내받고 자리를 잡았다. 이 행사를 주최한 이한주 공동대표는 이해민 회장의 큰 아들로 '베스핀 글로벌'(BESPIN GLOBAL)이란 회사를 설립했다. 베스핀 글로벌은 컴퓨터 업계의 가장 첨단 산업이 되는 클라우드 투자와 서버의 센터가 될 핵심센터다. 동서양을 연결하는 시드니, 홍콩, 싱가포르, 인도 등에서 '사업의 가능성'을 읽어내고 투자자와 연결해주는 '데모데이'를 연 2회 개최하고 있다.

성공사례를 젊은이들에게 연결해주는 훌륭한 장을 해마다 펼쳐가고 있는 것이다. 선발된 팀들은 한국인뿐 아니라, 일본, 대만, 미국 등 국경을 가리지 않고 다양하다. 미래산업으로 시장을 주도할 사업가들이 성공사례를 소개하고 있었다. 가장 인상 깊었던 아이템은 척추측만증 환자가 개발한 사업으로 척추측만증을 잡아주는 간편한 의료기구 겸 옷처럼 입을 수 있는 기구를 개발해 투자를 받아 1,000벌을 목표로 도전하는 아이템이었다.

행사의 격려자로는 SK의 최태원 회장과 야구선수 박찬호가 참석했다. 그들이 익힌 사업가로서의 행복지수와 스포츠 정신의 정직성을 사업계에도 권유하고 싶다고 토로하고 있다. 정직성과 규칙이 사라진 정치·사회를 보며 한국 사회의 요즈음의 사태에 진저리가 난 나는 3,000여 명을 한자리에 불러 모은 13번째 '스파크랩 데모데이' 행사를 통해 새로운 아이디어로 앞을 향해 전진하는 우리 젊은 세대의 활기와 열정을 보았다.

우리가 과거를 돌아보며 비관만 하고 있을 때가 아님을, 우리 젊은 세대들의 세상 열어가는 열정과 확신을 믿고 박수쳐줄 때임을 확인하는 현장이었다. 우리 젊은이들의 앞날에 열렬한 박수를 보내며, 또한 함께 가기 위해서는 우리도 '새롭게 세상 보기'를 게을리하면 안 되겠다는 생각이 들었다.

2011. 8.

♪

치마저고리를 유네스코 문화유산으로

 2000년 동경 엑스포 참가 시 나는 놀라운 체험을 했다. 어느 지인의 요청으로 한국공연예술원 연출부가 한복 전시회를 드라마로 꾸며 일본인들에게 한복을 재미있게 소개해 준 일이다. 당시 그 행사를 체험한 나의 놀라움과 두려움은 아직도 잊히지 않는다. 한·일 두 나라 정부가 주최자가 되고 일본의 국영방송 NHK가 주관한 무게 있는 행사였다.

 하지만 그러한 행사를 치르기 위한 2,000여 평의 행사장은 오픈 전날 저녁까지도 각각의 부스나 조명시설, 통로 배치조차 가늠할 수 없을 정도로 혼란 상태였다. 하지만 놀랍게도 아침 10시 오프닝 시간이 되어 두 나라 장관이 참석하는 찰나, 온 장내는 완벽하게 꾸며져 있었다. 어찌 이런 기적이 있을 수 있을까! 한국인의 놀라운 순발력과 즉흥성을 바탕으로 한 '성취력'을 보고 나는 놀랍기도 하고 다른 한편 두렵기도 하였다.

마치 학생들이 시험을 앞두고 벼락치기를 하듯 행정을 하고 업적을 쌓아가는 한국인의 혼돈 사회를 보는 나의 마음은 지금도 불안하다. 문제가 터졌을 때 대처하는 한국인들의 능력에 감탄과 찬사를 보내면서도 다른 한편 왜 우리는 꼭 문제가 터지기를 기다리기나 한 듯 일처리를 할까? 하는 안타까운 마음이 들기도 한다. 60년 만에 산업화와 민주화 두 마리 토끼를 잡은 나라로 세계인의 이목을 집중시키는 마당에 왜 백년대계를 세워보는 일은 해볼 생각도 안 하는지!

이미 1990년대 중반부터 우리에게 들리는 중국의 동북공정 실현은 현실로 그 베일을 벗고 있다. 이번에 중국이 조선족의 풍습과 문화 형태를 하나하나 골라 그 핵심이 되는 행사를 중국화하려는 우리 풍속이나 전통은 예를 들어 '조선족의 돌잔치', '회혼례', '아리랑', '추수행사' 등등이다. 중국은 이렇게 조선 민족의 풍습과 민요를 유네스코

유·무형문화재로 등재하기 위해 그 수순을 밟고 있다.

물론 이것은 중국인들이 주장하는 대로 중국 내에 거주하고 있는 조선족 특유의 민속과 민요의 일부분이기에 유네스코에 그 등재를 요청할 수도 있을 것이다. 그러나 조선족의 풍습은 엄연히 한국 문화의 일부분으로서 그 뿌리와 맥락이 한국에 기반하고 있다. 그러므로 그 문화유산의 가치와 소유권, 행사권에 분쟁이 발생하면 가늠하기가 쉽지 않을 것이다.

김대중 정권 이후 문화콘텐츠진흥원을 설립해 문화유산의 사업화 가치에는 돈을 쏟아부었다. 하지만 하루가 무섭게 사라지는 문화유산에 대한 발굴, 보존, 그 응용의 정책을 어디에서도 포괄적으로 다루는 데가 없다. 문화재청은 기록, 보유, 보전하는 데 중점을 두어야 하며, 문화콘텐츠진흥원은 새로운 발굴, 보전보다 사업화에 중점을 두어야 하는데 그 책임소재와 연계과정이 모호하다. 유네스코가 어떤 결론을 내릴지는 두고보아야겠지만 이대로 간다면 한복의 치마저고리도 중국인의 옷이라 해서 한복도 마음대로 못 입을 날이 올지 모르겠다.

이러한 시대를 대비하기 위해서는 순발력과 전통을 발굴, 유지, 보수하는 기획력과 일관성 있는 실천력이 뒷받침되어야 할 것이다.

2008. 11.

♪

이해랑소극장과 한국의 리얼리즘 연극

 2008년은 한국 연극 100주년을 기리며 많은 공연과 심포지엄 등의 행사가 펼쳐졌다. 특히 한국연극협회가 주최하는 두 번의 큰 심포지엄이 있었고, 한국연극평론가협회도 매년 열리는 학술대회에서 한국 연극의 100년에 대한 논의를 전개했다. 또한, 2008년은 한국 연극의 국제화를 이끌어낸 국제극예술협회 한국본부인 '한국 ITI(International Theatre Institute)'가 50주년을 기리며 한국 연극이 여러 면에서 연륜을 쌓아가고 있음을 과시하고 있다.

 많은 논의 가운데 우리가 이번 기회에 확실히 해야 할

일은 연극의 개념 정의다. 연극은 어디까지나 다양한 장르의 공연예술 중 하나다. 특히 한국에서의 연극은 서양 연극이 일본이라는 통로를 거쳐 도입된 것으로 서양 연극의 형식으로 무대 위에 공연을 펼쳐간 새로운 형식의 예술이다. 또한, 그 시기가 리얼리즘 연극의 흐름을 일으키며 도입됨으로써 한국 연극은 100년을 리얼리즘 연극에 대한 짝사랑으로 발전했다 해도 과언이 아니다.

이러한 큰 흐름을 주도해온 인물로는 유치진과 그 뒤를 이어온 이해랑 선생이다. 리얼리즘 연극과 함께 들어온 표현주의 연극은 김우진을 통해 이근삼으로 이어지며 한국 연극의 작은 물꼬를 트기도 했다. 그동안 한국에서 연극을 이어온 개척자들은 연극이라는 새로운 공연양식을 소개하며 많은 일을 해왔다. 나라를 잃은 민족에게 애국하는 길도 일깨워주었고 세계를 이끌어가는 앞선 문명을 소개하는 데에도 앞장을 섰다. 그리하여 연극 하면 모든 공연예술, 특히 전통의 공연예술을 무시할 정도로 독보적이게 한국공연예술계에 확고히 자리매김했다.

이해랑소극장은 이러한 과정의 중심에 서서 한국 리얼리즘 연극에 토대를 닦은 이해랑 선생의 이름을 딴 극장이다. 비록 소극장이고 동국대 내에 자리하고 있지만, 한국 연극사상 처음으로 연극인 개인의 이름을 딴 것은 많은 시사점을 준다. 한국 연극 100년사에 비로소 주춧돌을 놓은 느낌이다.

이러한 일을 하는 데 큰 도움이 된 것은 20억 원을 희사한 이해랑 선생의 장남 이방주(이해랑연극재단 이사장, 현대산업개발 부회장)의 협력 덕분이다. 이해랑 선생이 재직했던 동국대는 그 기금으로 교내 예술극장을 전문 극장 시설을 갖춘 연극 전용 극장으로 리모델링한 것이다. 3백여 석 규모 객석을 갖춘 이해랑소극장은 각종 문화공연과 전시회 공간 등으로 사용된다. 또 극장 내 기념홀에는 이해랑 선생이 생전에 사용한 연출노트와 공연 사진, 포스터, 프로그램 등이 전시되어 있다.

앞으로 이해랑소극장이 또 한 번의 한국 연극 100년을 펼쳐가는 데 중심에 서기를 바라며 동국대 인재들과 더불어 한국 연극 발전의 동력이 되기를 바란다.

2014. 12.

♪

우리 춤의 깊은 맛

 60, 70년대 한국 문화계는 온통 서양문화 따라 하기 아니면 서양문화 깊이 알기에 열중해왔다. 우리것, 우리 문화의 위대함은 고사하고 제대로 알기도 소홀할 때였다. 1961년에 도입된 인간문화재 제도를 구축하기 시작하면서 사라져가는 우리 문화를 우선 민간 중심으로 제정해 그 계보를 살리는 데 착수하였다. 아주 미미하지만 우리 문화의 구석구석이 조명되기 시작했다.

 유감스럽게도 문화재 보존을 중심으로 시작된 이 제도는 우리 문화의 틀과 정신을 전체적이고, 조감도적으로 분류, 총괄하기에는 역부족인 듯했다. 사람 중심의 무형문화와 유형문화로 분류하면서 우리 문화의 흐름으로 이어져 내려오는 정신과 정서를 볼 수 있는 능력을 도외시한 채 오늘에 이르고 있다. 총론은 마다하고 각론으로 처리된 인간문화재 제도를 실행해오고 있다.

오늘날에도 그 과오를 어떻게 극복하면서 우리 문화의 총론적 시야를 접근해야 할지에 대해서도 아직 논의조차 없다. 또 하나의 문제점은 지방자치제도가 20년의 역사를 지녔으면서도 지방과 서울의 차이가 너무 크다는 것이다. 물론 각 분야에서 여러모로 많이 변하고는 있지만 60년대 이후 지방에 거주하고 있는 학자나 예인은 이중적 콤플렉스를 극복하지 못하고 있다. 글로벌한 이 시대에도 정말 꼭 보고 싶은 공연이나 학술회의는 여전히 서울이 아니면 접하기 어렵다.

이러한 한국의 현재 상황에서도 부산의 버팀목으로 한국의 춤계를 이끌어오면서, 서울 공연에서는 좀처럼 보기 힘든 '마음의 꽃'을 우리에게 선사하는 원로가 계시다. 참으로 다행이다. 비록 팔순의 나이에 그의 삶에서 우러나는 진정성과 정직성, 그 속에 녹아든 삶의 태도에서 우러난 '예인'으로서의 품격으로 유수한 제자를 거느리는 그 주인공은 부운 김진홍 선생이다.

내가 그분을 처음 뵌 것은 1973년경이다. 독일 유학을 마치고 이화여대에 봉직하던 시절 한국 연극계의 면면을 대하면서 너무나 우리 문화의 구석구석이 궁금할 때였다. 나는 가장 우리다운 문화행사라고 생각되는, 당시는 그리 많지도 않은 공연을 틈나는 대로 섭렵했다. 아마도 이매방 선생과 그 제자들의 무대였다고 기억한다. '남성들의 한량무'가 무대의 마지막을 장식하는데 내게 들어온 한 남성의 한량무는 지금도 잊히지 않을 정도로 아름답고 힘차게 와닿았다.

나도 한판 어울려 춤추고 싶은 충동을 받았다. 그 후 그분의 무대를 도무지 접할 수 없었다. 그분이 부운 김진홍 선생이었다. 그는 부산에 지내며 지방의 문화를 지키고, 키우며, 나름의 세계에 침잠해 있었다. 이번 일맥문화재단 '일맥문화대상 전통 문화상'을 수상하며 그분이 꾸민 공연 〈김진홍의 남풍류(男風流) 셋 "심향"(心香)〉은 내게 오랜만에 우리 춤의 깊은 맛이 무엇인가를 일깨워주었다. 우리 춤의 뿌리가 '굿'의 깊이에서 우러나오고 있음을 확인시켜 주었고, 굿을 모르면 우리 문화의 뿌리가 어디 있는지도 모름이 확인된 공연이었다.

2015. 1.

♪

〈산불〉, 창극의 새로운 장을 열다

한국의 정체성을 세계무대에 선보인 극 또는 뮤지컬의 한 장르로서 창극이 혹 그 열쇠를 제공하지 않을까 하여 나는 오래전부터 창극을 주시해왔다. 외국 연극인들이 세계로 가져갈 한국 공연을 찾을 때는 어김없이 창극을 추천하고 함께 공연을 관람하여 그 반응을 살폈다. 그들은 한사코 10분이 지나지 않아 자리를 뜨자고 했고, 반복되는 실망은 많은 생각을 하게 했다. 창극에 대한 나의 고민은 계속되었다. 가끔은 이 실망이 너무 커 창극은 세계무대에 우리 공연을 알리는 장르로서는 실패가 아닌가 싶어 관심을 잊으려고 하면서도 포기하지 못했다.

그러던 중, 1991년 몽골 국립극장 60주년 기념 축제에 초대받아 갔었다. 나는 그곳에서 전통의 재창조 작업의 일환으로 공연한 몽골 전통 '소리'의 무대화 작업을 보고 힌트를 얻었다. 그들의 성공은 다름 아닌 대본과 소리가 일치하는 데 최선을 다한 작창(作唱)과 그 작창에 기반을 두고 풀어가는 플롯의 간결함, 그것을 최대한으로 살리고자 한 무대미술의 절제와 품격에 있다. 나는 거기서 우리 창극의 가능성을 발견하고 여러 번 출연자를 비롯한 공연 관계자에게 건의하였다. 그러나 우리 무대는 화려함과 복잡함으로 범벅이 되어 창극의 '참 멋'에서 멀어져만 가고 있었다.

45년 전통을 지녀온 창극단의 작업은 어떻게 보면 창극 출발의 일그러진 시작에서 비롯되지 않았나 생각된다. 혼자 노래 부르며 소리의 다양성을 최대한으로 살려 이야기로 풀어가는 판소리는 그 소리에 실린 극성(劇性)으로 인해 가장 경제적인 '소리 드라마'로서 무대 위의 독특함이 그 매력이다. 그러나 무대 위에 서양의 근대극, 특히 사실주의 연극의 역할 분할에 매료되어 연극인들이 판소리 서양 무대화에 초점을 맞추어 드라마의 플롯을 풀어가기 시작한 데서 그 어긋남을 찾을 수 있다.

다시 말해, 소리에 중점을 두지 않고 역할 분할에 초점을 맞추어 플롯을 전개한 것을 실패의 원인으로 들 수 있다. 혼자 부르는 판소리의 역할 분할을 시도해 스토리를 전개하고자 한, 그리하여 서양 무대의 스토리 전개를 소리로 분화해 시도한 것 자체가 잘못된 시작이었다. 이번에 국립극장의 창극단이 '젊은 창극'이란 캐치프레이즈를 내걸고 차범석 희곡 〈산불〉이라는 창작 창극을 무대 위에 올린 것은 45년 창극이 지녀온 여러 가지 숙제를 한번에 풀어버린 명쾌한 무대였다. 박성환의 창작 본과 안숙선의 작창은 이용탕의 작곡을 타고, 몸짓과 말이 잘 어우러지는 우리만의 멋을 최대한으로 살리고 있다.

박경의 무대나 창과 연기를 멋스럽게 연기하는 연기자와 스토리의 상승과 하강을 잘 뒷받침하고 있으며, 특히 마지막 불타는 숲의 장면은 인간의 관능과 열정을 불태우는 인간다움의 극치를 보여준다. 창극 〈산불〉 공연은 국립극단의 〈산불〉(임영웅 연출)과 뮤지컬 극단 신시컴퍼니의 역작 〈댄싱 섀도우〉에 이어 올해 차범석 서거 일주년 기념 공연의 화려한 말미를 장식하여 극의 진정한 도약을 보여준 최초의 창극으로 보아도 지나침이 없다 하겠다.

2008. 6.

♪

공연예술사의 정립이 필요하다

5월, 전국에는 수많은 지방 축제와 갖가지 문화행사가 열린다. 진정 우리를 변화시킬 수 있는 힘 있는 문화가 삶에 뿌리내리게 하려면 어떻게 해야 하나 다시 생각하게 된다. 이번 남해군에서 개관한 '남해군 국제탈공연예술촌'은 우리를 행복하게 해주었다. 김흥우 교수는 동국대 연극영화과 출신으로 동국대에서 제자를 키우며 현재 희곡작가협회 이사장을 맡고 있다.

퇴임과 동시에 그는 자신이 평생 세계 각지에서 수집한 탈 635점, 연극 관련 서적 17,000여 권, 대본 4,000권, 팸플릿·포스터 3,000점, 비디오·DVD 자료 3,500점을 남해군에 기증했다. 이에 감사한 남해군에서는 폐교를 남해국제탈공연예술촌에 걸맞게 꾸미고, 김 교수를 그곳을 맡아 운영하는 촌장으로 부임시켜주었다.

그동안 유구한 우리 역사는 여러 면에서 왜곡과 단절을 겪었다. 근현대극 100년을 기리며 마치 우리의 공연사가 100년밖에 안 되는 양 착각을 한다. 특히 희곡의 역사가 미천하고, 가치를 인식하지 못하며, 잃어버린 공연예술의 모습을 큰 틀에서 배워보지 못한 우리는 오랫동안 혼란을 겪어왔다. 오늘날까지도 우리는 제대로 된 큰 틀의 공연예술사를 정리하지 못하고 있다. 이것은 연극사 학자나 연극인들이 열린 시각으로 우리의 문화사를 보지 못하기 때문이다.

국악 따로, 무용 따로, 연극 따로, 우리나라 공연예술사를 통째로 보는 훈련을 쌓지 못한 채 분업 식의 문화사로 보는 근시안적 식견 때문이다. 판소리나 굿, 농악과 궁중 연회를 왜 우리의 공연예술사에 포함하지 않는 것인가? 큰 틀로 우리의 문화사를 수용할 때 비로소 우리의 공연예술사를 정립할 것으로 확신한다. 그렇게 하기 위해서 우리가 모범으로 삼아야 할 두 곳을 추천해본다.

일본 와세다대학 연극박물관과 인도 뉴델리에 있는 공

연예술 아카이브다. 한국의 국제극예술협회(ITI) 회장 시절, '아·태 지역 공연예술 아카이브 네트워크'를 구성하기 위해 일본의 ITI와 와세다대학 연극박물관을 사무국으로 하고 일을 추진하기로 협약을 맺었다. 애석하게도 일본과 인도 두 나라 이외에는 어느 나라도 공연예술 아카이브나 박물관 형태의 자료관을 갖추고 있지 않았다.

그 일을 시행하기 전에 각 나라는 그러한 기구를 만드는 데 서로 어떠한 형태로든 돕기로 한 상태다. 김흥우 교수가 마련한 남해국제탈공연예술촌이 자료의 전시 운영 면에서 모범을 보여준다. 또한, 이 자료관이 아름다운 남해에 홀로 외롭게 있지 않도록 국립극장 연극박물관, 아르코예술자료관, 서울연극센터 등과 교류 협약을 맺고 여러 가지 전시와 행사를 연결하기로 했다.

일본 니혼대학에서 연극을 전공하고 와세다대학 연극박물관에서 종사한 남성호 씨 같은 인재가 도움이 되리라. 또 중국 연극을 전공한 강춘애 교수가 부원장을 맡은 것도 앞으로 연극사 정리에 큰 역할을 기대해본다. 특히 이 같은 인재를 이 분야로 인도한 이두현 교수의 노고에도 감사해야 우리나라 공연예술사를 크게 볼 수 있을 것이다.

2013. 1.

♪

〈왕조의 꿈, 태평서곡〉

　독일의 낭만파 작가 루드비히 티크(Ludiwig Thieck)는 문화를 정의하기를 '잉여의 소산'이라고 했다. 쉬운 말로 풀이하자면, 문화는 인간의 기본 조건이 채워진 후 넘치는 부분이 조성될 때에야 비로소 꽃을 피울 수 있다는 말이 되겠다. 그래서인지 모든 예산은 먹고사는 문제와 사회의 균형을 논하는 분배가 이루어진 후에야 문화에 대한 예산 책정이 이루어지는 것이 상식이다. 말로는 문화 경쟁 시대가 도래했으므로 문화 경쟁 시대에 걸맞은 예산 분배가 필요하다고 하나 이는 모두 경제 논리에서 추구되는 잣대로만 그 결과를 추론하는 태도에서 배정되는 경향이 오늘의 현주소다.

이번 대선을 치르면서 가장 답답하게 느낀 점이 있다. 미래를 바라보는 큰 틀 안에서 인구정책을 세운 다음에 경제·복지정책 등이 논의되어야 할 듯한데 우선 눈앞에 닥친 '대통합'과 '민생'이 그 앞을 가리고 있다. 문화에 대한 우리의 생각도 마찬가지다. 배부른 후에야 구경을 한다고 하던가! 그러나 배가 좀 고프더라도 사람이면 어떻게 생각하고 어떻게 살아야 한다는 근본을 잡아줄 수 있어야 한다고 생각한다.

'부족함 속에서도 여유'를 가질 수 있는 '사람'을 만드는 것이 문화의 근간일진대 그것과는 거리가 먼 문화정책과 예산 책정이 우리를 혼란케 하고 있다. 그러니 우리 사회가 사람이 아닌 도깨비들이 활보하는 사회로 둔갑하고 있다. 다행인 것은 그 어려운 가운데 여러 곳에서 우리의 조상들이 일구어놓은 문화의 발자취와 한국인의 얼과 열정을 찾는 모습이 되살아나고 있다.

국립국악원은 지난 5월 13~14일 경복궁 근정전에서 세종 탄생 615주년을 맞아 〈세종조 회례연〉을 재현해 우리에게 세종이 일구어낸 예·악의 세계를 체험하게 해주었다. 그 숭고함과 유장함은 아직도 나를 에워싸고 있다. 국립국악원은 이번 연말(12월 20일~23일) 국악원 예악당에서 〈왕조의 꿈, 태평서곡〉을 실연해 그 시대의 문화를 재현해냈다. 다시 한번 관객에게 한민족의 효심이 궁 안에서 어떤 형태로 행해졌을까 하는 옛 모습을 구현해주었다. 영조의 손자이며 사도세자의 아들인 정조가 어머니 혜경궁의 회갑을 맞아 그 회갑연을 베푼 모습이 의궤에 상세히 기록된 덕분에 그를 바탕으로 〈태평서곡〉을 만들어낼 수 있었다. 비록 당시의 모습 그대로는 아닐지언정 어떤 음악이, 어떤 춤이, 어떤 형태로 당시 정조의 효심을 실현했는지 짐작할 수 있을 만큼 훌륭하게 치러졌다. 이번 공연을 통하여 관객은 세 가지 점에서 한국인의 긍지를 회복할 수 있었다.

첫째, 정조의 효심을 통해 당시 한민족에 뿌리내리고 있는 효(孝) 문화의 진수를 알 수 있었다. 둘째, 악·가·무의 수준 높은 궁중문화를 체험할 수 있었다. 셋째, 국립국악원 예악당의 폭넓은 공간 활용의 가능성을 통해 앞으로 더욱 의미 있는 공연을 볼 수 있게 되었음은 큰 축복이라 생각한다.

2013. 2.

♪

〈숙영낭자전〉을 읽다

나는 1983년 로마에서 있었던 국제연극평론가협회 한국 대표로 참가해 아주 특별한 경험을 했다. 여러 가지 시상식을 겸해 치른 로마의 이 국제행사는 이탈리아 오페라로 그 마지막을 장식하며 나를 두 번 놀라게 했다. 그 한 가지는 행사를 새벽 1시에 끝내며 200명이 가까운 외국 손님들에게 네로 황제가 살았던 궁중에서 네로 황제가 한 식사 순서대로 화려하고 끝없는 식단을 제공해준 것이다. 두 번째로 나를 놀라게 한 것은 이 뮤지컬이 우리가 생각했던 미국식 뮤지컬이 아니라 이탈리아 특유의 유머와 활력으로 가득 찬 내용과 특유의 창법으로 살린 오페라였다는 점이다.

몇 년 후 나는 스웨덴의 '스트린드베리 서거 90주년 국제행사'에서 선보인 오페라를 보고 놀랐다. 그 오페라는 북유럽 특유의 아리아 창법을 살려 그 지역의 정서를 담고 있었다. 음악부터 구성까지 미국식 뮤지컬의 어법과는 너무나 다른 특유의 스웨덴 어법으로 만들어진 뮤지컬이었다. 음악의 구성, 배열, 내용 등이 스웨덴 정서가 아니고는 해낼 수 없는 새로운 오페라를 본 것이다.

이 두 경험을 하면서 세계화 시대에 지역성과 토속성을 살린 작업이 세계로 나아가기에 얼마나 어려운지를 본다. 하지만 '지역화'(localization)를 딛고 '세계화'(globalization)하기가 어렵다 하더라도 이러한 작업은 해볼 만한 가치가 있는 예술 작업이라 생각한다.

한국에는 아주 힘겹게, 천천히, 꾸준하게 이러한 작업이 실현되고 있어 기쁜 마음으로 소개할까 한다. 미국의 어법으로 각색한 〈의형제〉, 〈형제는 용감했다〉 등은 옷은 미국 뮤지컬을 입고 있지만 그 속살은 우리 것으로 한 시도이다. 하나의 단계적 시도로 보아도 될 것이다.

허나 그 속에 담겨 있는 정서가 우리 고유의 것이라고 하기에는 만족스럽지 못해 여전히 아쉬움이 남아있는 단계다. 하지만 이번 극단 '모시는사람들'(대표 김정숙)이 공연한

〈숙영낭자전을 읽다〉는 그동안 꾸준히 대중화, 세계화 시대에 한국 연극의 변신을 시도한 결과로 보아 마땅하다.

연극과 뮤지컬을 넘나든 정연심, 문상희, 박지아, 박옥출, 송효주는 우리 한량 춤사위를 살린 화려한 무대 반전을 완성했다. 이재민, 서늘볕 등은 단가와 민요의 경지를 넘어선 창법을 섭렵하고 있으며, 염불의 발성 효과를 극적 효과에 접목할 수 있는 능력의 소지자들이다.

권오성의 지휘 아래 이루어진 재미있는 시도에 기량을 다한 배우들의 자연스러움이 우리 한민족의 정서를 잘 표현하고 있어 관객의 마음에 편안함을 선사했다. 협소한 공간의 조건을 최대한 살려 스토리를 '읽는' 거리감을 조성하면서도, 반전의 반전을 거듭하며 '오늘의 지금'을 사는 관객에게 지루함과 진부함을 면하게 해준 진행과 조명, 의상, 무대 등도 훌륭했다. 조금만 더 매끄럽게, 세련되게 다듬었으면 하는 아쉬움을 지적하며 다음 단계의 완성도를 격려해본다.

2015. 8.

♪

일은 저질러놓고 볼 일이다

  2003년 인도 뉴델리에서 겪은 일이다. 지금도 잊히지 않는 만남이 아직도 새롭다. 아쌈 지방(네팔과 중국 국경에 접해 있음)에서 온 연출가는 그곳에 한국의 '아리랑'이 있고, 또한 소쿠리, 절구 등 한국생활 풍습과 유사한 문화가 있음을 알려주었다. 그는 또한 아리랑 한 구절을 어설프나 정겹게 불렀다. 주변의 사람들은 환호하며 아리랑을 함께 불러주었다. 나는 세계에 퍼져있는 아리랑 멜로디에 감격했다.

  돌아와서는 민속연구가이며 학자인 어느 분에게 아리랑을 유네스코에 등재할 때가 되지 않았느냐고 질문하자 그의 대답은 단호했다.

"아리랑은 민요의 한 부분이고, 만약에 아리랑을 유네스코에 등재한다면 모든 민요를 등재하자고 나설 것이에요. 이는 있을 수 없는 일입니다."

하지만 나는 해외에서의 아리랑의 위력을 잘 알고 있었다. 아리랑은 태극기만큼이나 나라를 대표하는 노래로, 많은 민요 중의 하나로 치부하기에는 애국가보다 우리 민족을 더 대변할 뿐더러 세계 각처에서 사랑받고 있음을 확인한 바였다.

2015년 7월 16일 늦은 8시 LG아트센터에서는 뮤지컬 〈아리랑〉이 초연되어 정계와 문화계를 망라한 우리나라의 큰 손님들이 이 역사적인 초연을 관람했다. 장장 2시간 40분을 1, 2부로 나누어 공연한 것이다. 조정래의 대하소설 〈아리랑〉을 1, 2부로 나누어 무대 위에 올린 작품이다. 1부에서는 만주로 항일운동을 옮기기 전 감골댁의 딸 방수국을 가운데 놓고 일본의 앞잡이가 된 양치성과 차득보 사이의 비극적 관계가 전개된다.

머슴 출신 양치성과 양반댁 도령 송수익 사이에 벌어지는 출신의 갈등을 그렸다. 그 속에서 빚어지는 항일이라는 정의를 쫓는 송수익과, 계급의 벽을 극복하고 현실의 영광을 꾀하고자 일본의 앞잡이가 된 사나이의 행보가 무대 위에 펼쳐졌다. 그 뒤 감골댁 일가의 몰락과 그 비극 속에 얽힌 여러 타래의 항일투쟁 속에서 벌어지는 과정이 아리랑 가락에 엮여 하나의 큰 그림을 그려내고 있다.

50억을 투자해 10년을 가슴에 품은 신시컴퍼니 박명성의 〈아리랑〉이 드디어 무대 위에 오른 것이다. 10여 년 전 〈댄싱 섀도우〉, 일명 산불 공연에서 실망했기에, 상을 휩쓸었음에도 아쉬움을 남긴 변강쇠의 연출가 고선웅의 무대라 해서 나는 조바심 반, 기대 반을 안고 관극에 임했다.

그동안 박명성은 국내 공연진의 인재들을 총망라해 무대 박동우, 음악 작·편곡 김대성, 주연 수익에 안재욱, 감골댁에 김성녀, 방수국에 윤공주 등 한국 공연예술계의 인재들을 너무나 잘 활용했다. 전개에 무리가 있고, 아리랑 음악의 삽입이 부자연스럽게 겉도는 부분이 있어 세계적 무대로 나아가기에는 아직 다듬어야 할 부분이 있다.

그러나 한국의 판소리와 창을 엮은, 전통과 현대의 어우러짐은 그 어느 무대에서도 보지 못한 성공을 거두었다. 우리나라 공연예술계의 빛나는 인재들, 특히 감골댁으로 분한 김성녀의 통쾌한 열연과 손색이 없는 연기자들의 화답은 한국 뮤지컬의 앞날을 밝게 비춰주고 있었다.

"일은 저질러놓고 볼 일이다."

2018. 11.

♪

세종국제무용제

　나는 우리 춤의 현대화에 열중하고 있는 정은혜 교수의 열정과 재주에 주목한 지 오래다. 그가 여는 춤판이 늘 지방이어서 선뜻 구경 간다는 말을 못한 채 늘 아쉬움을 품고 있었다. 그러던 중 9월 중순 '세종국제무용제'를 연다는 소식을 들었다. 나는 개최 장소가 광화문의 세종문화회관인 줄로 생각하고 한국공연예술원 단체 카톡에 신청자를 모집했다. 졸지에 열 사람이 함께 관람한다는 신청이 들어왔다. 그러던 중 한 분이 정부세종청사 대강당의 "어디서 만날까요?"라며 전화를 했다.
　나는 그제야 뒤늦게 세종시라는 걸 알고 아연실색했다.

신청한 분들께 용서를 구하고 그러면서도 예약된 열 자리는 채워 드려야 하는데 어찌하나 고민하던 중 훌륭한 생각이 떠올랐다. 작년 작고한 남편을 귀히 모셔준 한국표준과학원(KRISS) 분들께 감사함을 표시하고 싶었는데 이번 공연 관람이 가능하다면 좋은 기회라는 생각이 들었다. 그리하여 그분들과 서울에서 나와 함께 내려간 한 분을 포함해 여덟 자리를 채울 수 있었다. 다행이었다.

좀체 국제무용제 관람 같은 것은 생각도 못한 우리나라 중진 과학도들께 현대무용을 보여드릴 수 있어 더욱 의미 있는 자리가 됐다. 공연이 끝나고 나왔을 때 그들의 반응은 우리나라의 춤계, 특히 현대무용이 이 정도로 발전해 있다는 사실을 믿기 어렵다는 것이었다. 그들은 장내가 어두운 중에도 프로그램에 소개된 내용을 보며 '그걸 이렇게 표현하고 있구나!'라고 짐작하며 따라갔다고 실토하며 박장대소를 하기도 했다.

하지만 외국에서 공부하며 볼쇼이 발레 등 전통무용을 접해온 이들이 보는 무대 평가는 예리했다. 세종시의 대강당은 무용 공연을 하기에는 부족함이 보인다며 새로운 공연 건축물이 지어지고 있다는 소식에 위로를 받는 표정이었다. 벌써 4회째로 치러진 세종국제무용제는 많은 어려움에도 불구하고 짜임새 있고 수준 있는 현대무용제임을 증명하고도 남았다.

① 레퍼토리 선정과 그 순서의 짜임새가 관객에게 현대무용이 품고 있는 고민과 시대성을 전하기에 충분히 수준 있는 공연이다. ② 정은혜의 〈나 홀로 아리랑〉은 전통을 무리하게 체화시키지 않으면서도 유연하고 아름다운 오늘의 우리 정서를 멋지게 담고 있다.

콩고 팀은 학살을 탈출, 생존의 부끄러움 등 말로 표현할 수 없는 허영심을 온몸으로 담아냈고, 나이지리아 팀은 유연하고 특징 있는 손놀림으로 춤을 표현하며 무겁지 않으면서도 역동적인 한 남자의 삶의 내면을 잘 전달했다. 필리핀 팀은 불리한 몸의 균형을 근육과 힘의 집중과 이완으로 극복해 '나만의 특징 있는 춤'을 선보였다. 마지막 무대를 장식한 김성훈 댄스프로젝트의 〈블랙 코미디〉는 일곱 명의 남성들이 군무를 통해 삶 속의 굴곡을 유감없이 표현하며 관객을 매료시켰다.

또한 〈블랙 코미디〉는 이번 무용제의 미래를 열어주며 다음을 기대하게 했다. 이 모든 성공의 배후는, 지방에 또 하나의 예술센터를 마련하고자 한 정치권의 지원이 바탕이 되었겠지만, 정은혜 같은 춤꾼의 안목과 열정이 없었으면 이루어지기 어려웠으리라. 아직도 서울과 지방에서의 모든 활동의 안정적 제자리를 찾으려면 우리나라는 얼마를 더 기다려야 될까 궁금해진다.

2019. 3.

♪

한국 연극계의 움트는 봄

 나는 50여 년이란 길고도 짧은 세월 동안 한국 연극계의 변신을 바라보며 때로는 암담하고, 때론 한낮 빛을 보며 여명을 본 듯 마음 놓이기도 했었다. 하지만 늘 어딘가 남의 옷을 입고 춤추는 오뚝이를 보는 듯한 섭섭한 마음을 감출 길이 없었다. 그리하여 나는 '극'이란 새로운 이름으로 한국인의 정서를 한국인답게 표현하는 공연예술을 심기 위해 근 30년을 고심해오고 있다.

 한국공연예술원을 세워 다양한 공연예술의 형태 속에서 가장 한국적이면서도 세계 보편성 속에 우뚝 설 수 있는 작품을 꿈꾸고 있다. 나에게 꿈을 심어준 연극의 제1탄은 '극단전원'의 〈선 긋기〉라는 작품이다. 27세의 젊은 작가 김대현의 참신한 작품을 가지고 극단 전원이 주관하고 서울문화재단이 한국교총과 후원해 젊은 연극인 발굴을 목적으로 탄생한 작품이다.

우선 첫 번째로 주목해 보아야 할 것은, 이 공연의 주축이 되는 작가(27세)와 연출(37세), 주인공 손진영과 김수지 등 배우들이다. 이들은 30세를 밑도는 젊은 층으로 이루어져 있음에도 모두 이 작품의 고민과 갈등이 자신들의 삶의 모습임을 깊이 감지하고 나름대로 자기들의 얘기로 풀어가고 있다.

두 번째로 그들은 줄타기와 거미줄의 얽힌 상징성의 삶 속에서 좌절을 딛고 우뚝 설 수 있는 것인지 끊임없이 고뇌를 한다. 삶과 그 함정의 위험성 속에서 겪는 꿈과 현실과의 괴리를 어떻게 극복하며 살아야 할지를, 주인공의 내면적 갈등과 현실의 유혹에서 어떤 선택이 과연 나다운 길인지, 즉 줄타기와 줄긋기의 연속을 고민하는 것이다. 이것은 젊음의 특권인 듯 보이지만 실은 제 길, 제 일을 찾기 전에는 다시 말해 '사명의 업'을 찾은 사람 외에는 누구나의, 언제나의 고민인 것이다.

셋째, 이러한 꿈과 현실의 괴리 그리고 함정으로 보이는 삶의 부조리, 그 속에서 '자신으로 살아남기'를 찾는 길은 어느 시대를 막론하고 결코 쉬운 일이 아니다. 어느 현실에서나 젊은 시절의 방황을 거쳐 인간은 살아가고 늙어가며 성숙하기도 낙오하기도 하는 것이다.

넷째로 이러한 삶의 절박한 상황을 무대 위에 줄긋기와 미스터리로 남아있는 줄타기 주인공 어머니의 영상을 실루엣으로 연출했다. 그 무대에 줄을 설치함으로써 거미줄같이 얽힌 아슬아슬함을 자아내 잘 드러내 보인다. 또한, 한국 고유의 줄타기와 그 속에 녹아 있는 상징성을 타령과 타악, 더불어 현악을 활용함으로써 작가의 깊은 뜻을 잘 표현하고 무대의 조화를 이루고 있다.

아직 그들이 갖추어 나가야 할 발성의 확장성이나 연기의 정교한 세련미는 세월을 두고 가꾸어야 할 몫이다. 이는 노력과 열정이 해결해주리라 믿는다. 오늘날 이러한 젊은 연극인을 있게 해준 극단 전원의 창시자 이원기 교수와 이송 교수의 노고가 헛됨이 없었음을 축하하며 그 뒤를 받쳐준 선배님들께 감사의 마음을 전한다.

2021. 4.

♪

분장 전시를 어떻게 한다는 거지?

　무대 의상가 최보경 선생과 함께 분장예술가 이동민의 전시회를 보러 혜화아트센터에 갔다. 궁금한 마음을 안고 〈이동민 분장화 전시회〉라는 포스터가 붙어 있는 전시장 안으로 들어갔다.

　개성 넘치는 배우들이 각자 개성을 창조하며 앞으로 다가오는 듯한 생동감을 보며 우리들의 궁금증은 금방 풀렸다. 전시된 배우들의 모습은 배역의 독특한 매력과 개성으로 우리의 시선을 휘어잡는다. 무대 위에서 배역을 연기하는 배우들보다 오히려 그 개성과 특성이 시선을 사로잡았다. 각각 그 맡은 배역의 매력과 특성을 한 장의 그림 속에서 더욱 돋보이게 하고 있다. 특히 전시장의 중심에 있는 그림은 명동국립극장에서 공연하게 될 〈조씨 고아, 복수의 씨앗〉으로 중국의 4대 비극 중 하나로 꼽히는 작품이다.

13세기 후반 원나라 때 기군상이라는 작가의 작품으로 〈사기〉에 등장하는 진나라의 대장군 도안고에 관한 고사를 극화한 작품이다. 도안고에게 300명의 대가족이 몰살당하고 오직 하나 살아남은 고아를 지키기 위해 정영을 비롯한 여러 의원이 일어나 장렬하게 희생하며 마침내 복수를 완성하는 내용이다.

이 작품에 등장하는 인물들은 각기 그 배역에 따라 강렬한 개성의 대비가 없으면 무대 위에서의 입체성과 열정의 높낮이는 살아남기 어려운 작품이다. 2015년 처음으로 공연된 이 작품의 인기는 대단해서 2017년, 2018년, 2020년 재공연 되었을 때도 전석 매진된 바 있다.

도안고로 분한 배우 장두이를 비롯해 정영으로 분한 하성광 배우, 공손지구로 분한 故임흥식 배우의 표정과 개성은 움직이는 무대 위에서보다 이동민 분장가의 붓길 속에 오히려 그 생생한 개성이 살아나고 있었다. 22개의 분장화 중에 16개의 그림은 전시장의 중심을 차지하며 관람객의 시선을 모은다. 자신의 배역을 분장화 속에서 외치고 있는 듯한 표정은 어쩌면 무대 위에서보다 더 강렬하게 다가온다. 그 인물이 어떤 마음으로 관객에게 얘기를 걸어오는지 생각하게 한다.

그와는 대조를 이루며 전시공간 양옆으로는 오현경 배우가 주연한 〈봄날〉 3점과 〈오셀로〉 3점이 잔잔한 표정으로 관객을 맞는다. 특히 〈오셀로〉는 무대 위에서 공연되는 작품의 분장화가 아닌 분장가 이동민 스스로가 배역의 성격을 개념화해 그려본 그림이라 강렬한 느낌은 약하다.

이동민 분장가는 콘셉트 분장화라는 또 하나의 개념을 도입하고 있다. 참 재미있는 발상이다. 분장가에서 분장 화가로 보폭을 넓히며 전시회로 폭을 넓히고 있는 이동민 분장예술가의 진화에 박수를 보낸다.

아울러 무대미술가로, 연출가로, 극작으로도 보폭을 넓히며 우리 연극계의 큰 어른이셨던 이원경 선생이 살아 계셨다면 어떤 표정을 지으며 막내 따님의 행보를 바라보셨을까 궁금하다.

2008. 1.

♪

故박병천 선생을 추모하며

    2007년 한국의 전통예술계는 두 개의 큰 별을 잃었다. 궁중 예술계의 큰 스승이신 김천흥 선생(8월 17일 작고)과 민속예술계의 큰 예인이신 박병천 선생(11월 21일 작고)이다.

    1996년 한국공연예술원을 개원하고, 양반계급의 고급예술이 지닌 절제와 품격, 서민계급이 생산해낸 민속예술의 신명과 한을 어떻게 아울러야 극다운 극을 만들 수 있을까 하는 생각에서 김천흥 선생을 이사장으로, 이두현 선생과 박병천 선생을 고문으로 모셨다. 두 분야의 예술계가 양분되어 한쪽을 인정하지 않던 악습의 풍토를 전혀 감지하지 못한 실태를 벗어나고자, 감히 양 분야의 예술을 아우르는 방법을 모색하기 위한 자리를 마련했다. 하지만 그 결과는 참담했다. 박병천 선생만 덩그러니 참석하셨고 김천흥 선생은 오지 않았다. 나중에 안 일이지만 김천흥 선생은 박병천 선생을 경계의 대상으로 삼았던 모양이다.

박병천 선생의 생애는 이렇게 힘든 세상을 오로지 그의 예능으로 극복할 수밖에 없었다. 어찌 되었건 1960년대 이후 피나는 노력으로 예술의 경지에 이른 그의 〈북춤〉과 〈진도씻김굿〉은 전도사로 유럽 6개국을 순회공연(1982) 하며 전라도의 무형문화재를 세계에 알렸다. 또한, LA 올림픽 개관 공연, 나카라콰의 민속음악제 금상 수상, 베를린국제민속음악제 국가대표 참가, 다시 유럽 7개국 순회공연(1985), 아시아 소사이어티 초청·미국 순회공연·인도 무역박람회(1999)·세계무속페스티벌·태국 세계드럼축제·일본 〈전통음악과 춤의 대향연〉 공연 등으로 한국의 공연예술을 세계에 알리는 데 공헌했다. 마침내 그의 예술혼은 1999년 대한민국 문화훈장을 받게 된다.

공연자로서의 천부적 재능과 '전통의 무대화 작업'에서 보인 그의 예술 감각은 그야말로 대대손손 이어받은 세습무가의 환경이 아니었으면 어려웠을 것이다. 그는 〈진도씻김

굿〉과 〈진도북춤〉에 이어 〈지전춤〉, 〈영돗말이〉, 〈고풀이〉, 〈길닦음〉의 무대화 작업에 열의를 다했다. 그의 무대화 작업은 어느 선·후배의 예술에서도 찾아볼 수 없는 진솔함과 신명으로 넘친다. 또 지나침이 없이 우리의 마음을 울리고 순화시키는 힘의 원천이기도 하다. 그의 장례식장 아산병원 30호실, 진옥섭의 사회와 최종민의 약력 소개, 장사익·김영임의 소리 그리고 이애주·하용부의 춤판 속에 그가 세상을 뜨기 전 마지막으로 망자를 위해 녹화한 구음으로 한판 신명 나게 세상을 하직했다. 외롭지 않게, 하늘도 눈물을 퍼부은 진도에서 장례식은 아름답게 치러졌다. 진도가 낳은 명인, 진도 씻김굿이 길러낸 예인은 아쉽게도 이제 이 세상 사람이 아니다.

2008. 5.

♪

죽어서 이룬 거장의 꿈

故박병천 선생은 청년기를 무당의 자손임을 부인하고 출신의 뿌리를 거부하며 살아왔다. 그의 나이 삼십이 넘어서야 무속의 자손임을 운명으로 받아들이고, 굿의 의례 속에서 예술을 찾아 하나하나 새로운 공연 작품으로 탄생시켰다. 박병천 선생은 〈구음〉, 〈북춤〉 등 새로운 장르를 만들어냈다.

2007년, 우리 민중예술의 호흡과 숨결 속에 숨어 있는 '신명과 한'을 무대 위에 펼쳐내는 춤꾼으로, 누구도 그 재주를 따라가기 어려운 거장은 생을 마감했다. 선생의 구음을 들었을 때, 나는 그의 예술 생명이 다한 것 같아 마음이 아팠다. 그러던 중 임수정 교수의 춤판 〈예혼〉이 4월 18일 국립국악원 예악당에서 펼쳐졌다. 나는 기대 반, 근심 반으로 그곳을 찾게 되었다.

박병천 선생의 제자로 임수정 교수를 처음 만난 것은 지금부터 20여 년 전이다. 그때는 내가 한국 공연예술의 뿌리를 찾기 위해 박병천 선생을 인터뷰하던 시절이다.

당시 이화여대 교수이며 평론가인 내가 인터뷰를 청했을 때, 박병천 선생은 매우 영광스럽게 생각했고, 그의 제자인 임수정 양을 대동하고 댁에서 기다리고 계셨다. 그 당시 그녀는 서울대 식품영양학과 학생으로 우리 전통춤에 매료되어 박병천 선생께 춤을 사사하던 중이었다. 이후에 교수가 된 임수정은 내가 원장으로 있던 한국공연예술원이 2002년 태국이 개최한 국제 드럼페스티벌에 초청받았을 때 대동해 훌륭한 공연을 하고 돌아왔다.

임수정 교수와 함께 가자고 한 것은 임 교수를 박병천 선생의 예술을 이어갈 수 있는 훌륭한 후계사로 생각했고, 박 선생과 함께 국제무대에 서게 하면 우리나라 공연예술계의 좋은 이음문을 만들어줄 수 있다는 확신에서였다. 물론 임 교수가 박 선생을 대신할 수 있다는 기대보다는 박 선생이 제자에게 무대를 배우게 할 좋은 기회가 되리라고 믿었기 때문이다.

박병천 선생은 북춤 쌍무를 제안했고, 이 공연은 유례없는 관중들의 반응을 이끌었다. 공연이 끝난 뒤 박 선생은 그리 만족하지 못한 표정이었고, 술자리에서 박 선생은 자기의 시대가 가고 벌써 제자의 시대가 왔다고 섭섭해하기도 했다. 그 후 2007년 초 박병천 선생이 〈영 돗말이〉와 〈지전춤〉이 완성되었으니 어디 국제무대에 한번 선보이자고 해서 기뻐했는데, 갑작스럽게 돌아가셔서 얼마나 안타까웠는지 모른다.

〈한국의 검무〉로 박사학위를 받고, 스승의 서거를 추모하고자 임수정 교수는 그의 춤판 〈예혼〉을 마련했다. 〈춘앵무〉(이홍구 버전), 〈살풀이〉, 〈승무〉에 이어 북춤을 훌륭하게 섭렵했고, 〈영 돗말이〉와 〈지전춤〉으로 스승의 추모 공연을 올려 거장의 죽음이 헛되지 않았음을, 거장의 제자임을 당당히 자리매김했다. 참으로 다행이다.

2
인간을 인간답게 만드는 힘

2020. 1.

♪

나의 첫 번역 작품 〈관객모독〉

 늦은 게 늦은 건 아니다. 1969년은 한국 연극계의 새로운 지평을 연 획기적인 한 해였다. 우선 1969년 늦은 가을 한국일보 본사 건물 13층 소극장에 한국 연극사상 최초로 〈고도를 기다리며〉(임영웅 연출)가 올려졌다. 사무엘 베케트의 이 작품은 한국 연극계만이 아니라, 한국인의 연극에 대한 의식과 문학을 보는 시야에 대단한 확장을 가져온 계기가 되었다.

 또, 같은 해 독일 유학에서 돌아온 필자가 당시 세계 연극계를 온통 뒤흔들며 연극이라는 장르의 지평을 연 〈관객모독〉을 소개했다. 인간과 언어와 의식세계의 관계에 새로운 시각을 열어준 작품을 번역함으로써 한국 연극계에 새로운 바람과 언어에 대한 '인간의 의식세계 확장'이라는 새로운 장을 연 해이기도 하다.

당시 미국 유학에서 돌아와 연극계에 새 바람을 불어넣고 있던 김의경에게 〈관객모독〉을 소개하자고 제의했을 때 김의경은 이 작품 번역이 제대로 된 거냐고 의심하며 난색을 표했다. 필자는 한국 연극계의 의식 수준의 한계를 절감하고, 〈관객모독〉의 소개는 우선 뒤로 미루기로 했다. 그러던 중 1971년 김의경이 〈관객모독〉을 삼성출판사가 기획하고 있는 세계희곡선집에 소개해볼 수 있으니 원고를 달라고 했다.

반신반의하며 원고를 넘겨주었고, 출판사에서는 작품 속에 욕이 너무 많으니 절반을 줄여 달라고 했다. 욕도 출판이 가능해졌다! 하지만 관객에게 욕을 함으로써 관객이 느끼는 사회적 집단으로서의 모욕은 개인의 차원이 아닌 당시 관객의 의식변화에 초점을 맞춘 작품이었으므로 욕 부분을 3분의 2로 줄이겠다는 조건으로 희곡 〈관객모독〉은 한국 사회에 빛을 보게 되었다.

그 후 1976년 기국서라는 젊은 연출가가 이 작품을 무대에 올리고 싶으니 제작 허락을 해달라고 연락을 해왔다. 나는 이 작품을 과연 제대로 이해하기나 했을지 또한번 반신반의하며 무대에 올려보라고 허락해주었다. 예상과는 달리 연출가 기국서는 신촌 거리 후미진 곳에 극장을 차리고 '극단 76'의 개관 작품으로 〈관객모독〉을 올렸고, 이 공연은 대박을 터트렸다.

관객이라는 집단 의식체는 예상외로 집단적으로 모욕을 받으며, 그 충격은 오히려 시원한 카타르시스를 주었다. 어리둥절했다. 혼자가 아닌 공동체로서의 모욕은 상쾌함까지 선사 받게 하는 것이었다. 기국서는 작가 페터 한트케의 의도를 적중, 연출을 해냈다.

그 후로도 극단 76은 〈관객모독〉만 무대에 올리면 돈을 벌었고, 한국 연극계는 뜻하지 않게 '언어연극'이라는 세계 연극계의 새로운 트랩에 발을 올려놓았다. '언어'라는 올가미가 얼마나, 어떻게 인간을 길들이고, 사회라는 집단의식 체계 속에 편승해 '자아'라는 인간 개체를 소리 없이 무너뜨리고 있음을 졸지에 일깨웠던 것이다.

자아 발견과 자아 확장, 언어와 의식의 관계에 대한 새로운 조명은 이미 1966년에 페터 한트케를 통해 시작된 것이다. 그러나 정치적, 이념적 핑계로 올해에 들어서야 노벨문학상을 받게 된 것은 한편 다행이기도 하면서 세상사의 허망한 올가미의 또 다른 단면을 보는 것 같아 마음이 씁쓸하다.

2007. 11.

♪

문화를 지탱하는 힘

 인간이 먹고사는 것으로만 만족했다면 인간을 인간답게 담는 문화라는 그릇은 존재하지 않았을 것이다. 인간을 동물의 수준에서 진화시키는 힘, 인간답게 만드는 힘은 문화에 있다. 그중에서도 가장 큰 힘은 새로운 것을 향한 인간의 호기심과 상상력, 만남을 통한 감동의 파장이다. 이 세 가지 힘은 인간을 인간답게 하기도 하고 동물의 수준에 머물게 하기도 한다. 인간의 끝없는 호기심은 삶을 열정으로 이끌어간다. 삶의 여정에서 만난 여러 감동의 파장은 인간을 인간답게 유지해준다. 여러 형태의 감동의 파장은 우리를 변화시키고, 상상력은 사회를 발전시키고, 문화는 인간의 정신세계를 성숙하게 한다.

오늘날은 미디어 문화가 팽창하고 국제적인 만남의 장이 활발한 시대다. 그러나 무계획하고 잘못된 행사의 중첩 사례는 우리의 감성을 무디게 해서, 좀처럼 우리 몸속에 파장을 일으키는 감동을 자아내기 힘들게 한다. 한국 사회가 만들어가는 여러 형태의 '만남의 장'은 오히려 우리를 지치고 혼란스럽게 하고 있다. 중첩되는 축제, 연극제, 무용제, 공연예술제, 이름만 다를 뿐 내용은 같으면서 과대포장으로 관객을 실망시키고 공연 문화를 병들게까지 한다.

다행히도 아직은 우리 사회가 좀 더 열린 시야를 가지고 많은 발명과 예술행위를 지속하게 해줌으로써 문화를 변화, 지속시키는 힘으로 작용하고 있다. 우리 사회가 발전하려면 개인이나 정부가 정책 수립에 무엇을 가감해야 하는지 신중하게 숙고하고 반성과 관찰을 소홀히 하지 않아야 할 것이다.

이러한 맥락에서 이번 가을에 치르는 '2007 서울국제공연예술제'는 오랜만에 관객에게 훌륭한 만남을 가능하게 한 기회였던 듯싶다. 〈롱 라이프〉, 〈세일즈맨의 죽음〉 등 오픈 공연을 만난 것도 다행이고, 〈장님들〉 같은 학구적인 공연을 대할 수 있어 좋았다.

개인적으로 의미 있었던 일은, 내가 늘 궁금하게 여기며 글로만 대했던 폴란드 출신의 연출가이자 연기자이기도 했던 타데우스 칸토르와의 만남이었다. 영화로 소개된 그의 작품들, 그와 함께 작업한 연기자와의 대담과 세미나를 프로그램으로 한 이 행사는 내게 끊임없는 실패와 성공 속에 점철하는 예술가의 탐구 정신이 '문화를 지탱하는 심지요 힘'이라는 것을 새삼 깨닫게 해주었다.

미술로 세계관을 펼치려다 연극 속에서 꽃을 피운 칸토르 스타일은 오브제와 배우, 유령과 인간, 과거와 현재, 죽음의 세계와 현실의 세계, 보이는 세계와 안 보이는 세계, 현존과 환상의 모든 것을 총체적으로 동원하며 어떻게 사는 것이 과연 인간답게 사는 것인지를 보여주었다. 문화를 지탱하는 힘의 원동력을 깨닫게 한 행복한 시간이었다.

2020. 3.

♪

예술인, 어떻게 살다 어떻게 죽을 것인가?

 오랜만에 화창한 날이다. 코로나19로 온 세상이 갇혀 있는 상태로 정지된 듯, 공포로 사람을 가두어 몰아넣은 듯 지냈는데, 오늘 길에는 모처럼 차도 사람도 활기차 보인다. 다행히도 나는 지난 2~3주 동안에 코로나19 확장이 우리를 가두어놓기 전이라, 몇몇 공연예술인, 엄밀한 의미의 원로 예술인들의 공연을 볼 수 있었다.

 표재순 연출의 작품, 권병길 배우의 일인 무대 〈별의 노래〉(SH 아트홀), 배우로 평론가로 작가로 발품을 열심히 팔며 뒤늦게 극장가를 섭렵한 박정기 평론가의 무대 〈완전한 사랑〉(SH 아트홀), 오랜만에 보는 기국서 연출의 무대

〈엔드게임〉(동숭무대 소극장) 네 작품을 연거푸 관람했다. 이분들의 작품들은 대부분 국립극장 창립 100주년을 맞아 3·1운동의 100주년을 기념하는 공연이다. 국가가 공연예술인을 위해 거액을 푼다는 계획의 일환으로 이루어진 공연들이었다.

큰 극장에서 올리는 공연에는 6,500만 원(신청한 원로에게 돌아가는 800만 원 포함), 소극장 공연은 2,800만 원 등 국가 예산 지원 범위 안에서 행해지는 예술행위였다. 그러고 보니 내가 본 4개의 공연은 나름대로 특징도 있고 온 힘을 다해 좋은 공연을 올리느라 애처로울 정도로 고민한 흔적이 역력했다. 하지만 마음을 아름답게 해주기보다는 안쓰럽게 느껴졌고 그 돈 씀씀이의 견적을 헤아리며 관극하는 억지스러움과 안타까움을 억누를 수밖에 없었다.

다 큰 몸을 작은 옷에 맞추어 입느라 욱여넣은 답답함을 느꼈다고나 할까. 그러지 않고는 배길 수 없어 담뱃갑 은종이에 그린 이중섭의 〈황소〉. 오늘날 그 예술가의 순수함과 절실한 정신의 위대함을 기리는 미술계의 후예들을 보면서 과연 내가 본 원로들의 작품이 그 절실함을 얼마나 관객인 우리에게 전달되었을까 생각해본다.

연극이나 공연예술은 미술이나 공예작품과 달리 순간에

전달되기 어렵다. 그래서 그 시대의 시대정신에 맞게 탄생한 예술의 절실함을 관객과 함께 공유해 엔도르핀을 능가하는 도파민을 선사하지 않을 때는 감동이라는 단어에 인색할 수밖에 없는 것이다.

오늘날 국가가 책정해 그것도 경쟁을 시켜 규격에 맞는 작품을 생산하는 예술 지원정책은 과연 한 나라의 올바른 정책이 될 수 있는 것인지 물어보지 않을 수 없다. 한 도시에 돈이 없다 해서 성냥갑 같은 집만 지어놓으면 그 나라나 그 도시에 과연 아름답고 놀랄만한 훌륭한 건축물이 탄생할까?

우리 사회에 예술이 왜 필요한지, 예술을 통해 느끼는 행복과 희열은 과연 필요한 건지를 생각해봐야 할 것이다. 동시대를 뛰어넘는 걸출한 예술가를 통해 한 사회의 100년 대계를 세우려면 예술가와 문화정책을 이끌어가는 정책 입안자는 어떤 능력의 소유자여야 할지를 깊이 고려해봐야 한다.

이 시대의 국가의 문화정책은 우리가 함께 생각해볼 때가 아닌가 한다. 이대로는 아니라는 생각에서 이 글을 쓴다.

2020. 9.

♪

거리 두기와 공연예술

　예술의 형식은 실로 다양하며 그 존재 방식도 다양하다. 그중에서도 '공연예술'은 실제적인 시공간 속, 그것도 관객과의 만남을 통해서만 그 완성도를 측정할 수 있는 예술이다. 무대라는 공간에서 전달하고 싶은 얘기(텍스트)를 더욱 큰 상상력의 세계로 관객을 유도한다. 춤과 음악, 조명과 장치, 그 외에도 그것을 모두 총합해 관객과의 교감을 이루며 공연과 관객이 하나가 된다.

　공연예술은 마스크를 쓰고 거리 두기가 일상화된 지금의 현실 속에서는 어떻게 존재해야 할 것인지를 생각하면 참으로 암담할 뿐이다. 사람들은 당장 먹고살기가 힘든데 무슨

예술 같은 배부른 소리냐고 책망을 할 수도 있다. 하지만 예술가들의 생존 또한 예술 실현을 통해서만 살아갈 수 있는 것이다. 각박한 현실의 삶 속에서도 치열한 예술정신으로 꽃피운 공연을 보며 관객은 큰 위로를 받고 삶의 활력을 되찾기도 한다.

또 옥죄어 오는 현실의 포박을 풀어헤쳐 숨통 트인 드넓은 세계를 맛보며 위안을 얻고 다시 앞으로 나아갈 힘을 얻는 것이다. 공연예술에는 그에 종사하는 인재도 다양하며 그 수도 많다. 우선 작가, 연출, 안무가, 의상가, 조명가, 무대장치가 요즘처럼 다양한 환경에서는 수없이 많은 조연출가가 필요하다. 장치가 기계화되고 컴퓨터로 작동이 되는 시대에는 기술연출과 조명예술의 총체화가 필요한 것이다.

그중에서도 연기를 몸과 소리로 전달하는 배우들의 존재는 없어서는 안 될 핵심의 존재다. 이들은 하루아침에 완성되는 존재들이 아니며 무한한 훈련과 연습을 통해서만 어느 경지에 이른다. 이러한 인재들이 어느 정도의 훈련과 기술을 터득했다 해도 끊임없이 지속되는 실전, 관객과의 만남 속에서 얻어지는 교감의 지속성이 없이는 영혼 없는 기술자에 불과할 뿐이다.

어느 단계에 올라선 예술가들은 나라의 보배로서 우리는

보물 다루듯 그들이 품격을 잃지 않도록 대접해야 함을 잊어서는 안 된다. 오늘날과 같은 '거리 두기' 현황에서는 그들의 연습장조차 요원하다. 다행히 K-POP 같은 장르는 영상으로 관객에게 다가갈 수 있는 유리한 점이 있기도 하다.

BTS가 엊그제 MTV에서 선보인 작품〈다이너마이트〉가 세계 음악 시장에서 노래, 안무, K-POP 등 4개 분야에서 1등을 했다. 뮤지컬, 연극, 춤극, 전통무대 등 다양한 공연예술 장르도 이같이 영상작업을 통해서 관객과의 교감을 열어갈 가능성을 살려야 할 것이다.

그 속에는 시간과의 싸움이라는 복병이 숨어 있기도 하거니와 시청각의 명확한 전달을 위해 극복해야 할 많은 기술적 훈련 등이 기다리고 있다. 그렇게 되다 보면 어쩌면 또 다른 하나의 장르가 탄생할지도 모르겠다. 제2차 세계대전 전후 독일에서 카바레란 장르 피아노와 노래로 사회, 정치 풍자로 관객을 위로했듯이 말이다.

2020. 12.

♪

물질보다 더 귀한 것

    배우나 무용가, 성악가들의 거침없는 연기와 실력 발휘를 통해 연희자와 관객은 하나가 되어 공동의 행복과 열정을 나눈다. 또한 공연을 통해 사회와 개인은 하나가 되어 세상을 정화하고 한 단계 더 높은 이상을 경험할 수 있다. 인간의 행복감은 물질의 세계로만 채워지지 않기에, 이러한 문화예술 활동을 통해 삶의 질을 높일 수 있다. 따라서 인간의 사회를 보이지 않게 업그레이드해주는 것이 공연예술이다. 여기에 예술과 예술 활동은 그 존재의 의의가 있는 것이다.

    어떤 다른 장르에서보다도 공연을 전제로 발전해온 무대예술에서는 예술가와 관객 모두가 행복감과 감동을 통해 다

이돌핀(Didorphin: 감동의 호르몬이라 불리며, 엔도르핀 효과보다 4,000배나 강하다고 함)까지도 경험할 수 있는 것이다. 공연예술은 무대와 관객과 작품이라는 3대 요소가 만나 그 진가를 발휘한다. 코로나 시대를 만난 오늘날 공연예술계의 참담함은 예술의 존립과 형태마저 바꿔놓을 기세로 덮쳐오고 있다.

언어를 주 매개체로 발전하던 연극은 그 중심의 자리를 춤과 음악에게 내주었다. 코로나라는 복병으로 인해 많은 변화를 체험하며 긴장과 이완이라는 공연예술계의 핵심이 흔들리고 있다. 만화와 웹툰으로까지 확장된, 게임의 세계까지도 수용하지 않으면 안 될 공연예술계는 크고 더 넓게 세상을 보지 않으면 예술계의 지각변동을 따라잡기 어려울 것이다.

변화하는 예술계를 지키며 예술평론에 중점을 두고 발전해오던 한국예술평론가협의회의 장석용 4대 회장은 아주 폭넓은 변신을 하며 올해 40회에 이르는 시상식을 실현해 오고 있다.

시상 분야도 장르로 나누지 않고 공헌예술가상, 최우수예술가상, 심사위원 선정 특별예술가상, 주목할 예술가상, 청년예술가상 등 5개 그레이드로 나누어 국내외를 망라해 수상자를 선정하고 있다. 수상자 선정은 15인의 각 분야를 망라하는 평론가의 심사를 거쳐 결정하며 균형을 잡아가고 있다.

올해의 하이라이트 공헌예술가상은 서양화가 박서보 씨다. 최우수예술가에는 50여 년 넘게 무대의 조명과 설치에 생을 바친 원동규, 연극 연출가 복진오, 음악 부분의 소리의 제왕 왕기철, 기방춤 예술가 박경랑, 영화감독에 허진호, 무용 부문에 서울시 무용단을 맡고 있는 정혜진 단장, 문학에 고창수 시인 등 그동안 가려져 있던 많은 인재가 조명을 받았다.

수상자와 심사위원 등 축하해주러 온 가족과 친지는 모두 화기애애한 분위기 속에서 행복을 만끽했다. 그 행복한 분위기와 엄숙한 분위기를 자아낸 데에는 오프닝에 축하곡을 불러준 경기민요 소리꾼 정유정 양의 청아한 소리와 96세의 고령에도 불구하고 마이크도 없이 축가를 불러준 테너 홍운표 선생의 우렁찬 음의 향연이 있었다.

매번 프레스센터 20층에서 진행하던 행사는 코로나 사태로 11월 20일 18시 PJ호텔 카라디움홀 4층에서 열렸다. 뷔페를 곁들인 이번 행사는 한층 격상된 분위기에서 진행되었다. 한마디 덧붙이자면 이러한 시상식은 국가지원이 전혀 없이 의지와 열정으로 이끌어오고 있는 행사임을 말해둔다.

2019. 8.

♪

뮤지컬과 소리예술의 시장

지난 6월 나는 우리나라 뮤지컬 문화의 발전상을 만끽할 수 있는 행복한 시간을 보냈다. 한국공연예술원의 이사로 계신 강익모 교수가 인솔해 12인의 한국공연예술원 이사들과 함께 대구에서 열린 '제15회 대구국제뮤지컬 페스티벌'(DIMF)에 다녀왔다. 오픈 공연으로는 영국 작품 〈웨딩싱어〉가 공연되었다. 또 뮤지컬로 꾸며진 제주도 출신 조선 시대의 큰 여인상인 〈만덕〉, 대구 코오롱 야외음악당에서 열린 뮤지컬 명가수의 갈라 콘서트, 자라나는 대학생의 뮤지컬 작품도 선보여, 대한민국의 뮤지컬의 현주소를 만끽하고 돌아온 2박 3일의 기행이었다.

이어서 6월 29일에는 15년 전 연극경연대회에서 대상을 받은 연극 작품 〈블루 사이공〉을 관람하는 영광을 누렸다. '극단모시는사람들'에서 창단 30주년을 기해 뮤지컬 〈블루 사이공〉을 초청했기 때문이다. 요즈음 젊은 세대는 뮤지컬 공연을 선호하고 있어 어떤 다른 장르보다도 우리나라에서 빨리 자리 잡은 뮤지컬이다. 미국을 위시해 특히 한국과 일본의 젊은 층을 사로잡으며 세계시장을 열어가고 있음은 주지의 사실이다.

그런데도 그 훌륭하고 감미로운 음악과 감동적인 스토리가 나를 완전히 사로잡지 못하는 이유를 딱히 설명할 수가 없다. 그 이유를 세대 차이에서 찾아보거나 너무 다른 정서에서 찾아보고 있는 나를 발견하고 아쉬워하고 있는 터다. 나는 처음으로 인간마다, 또는 여느 종족마다 근원적으로 목소리의 훈련과 목소리를 다루는 방법이 다름을 인정하지 않을 수 없었다.

1991년 내가 처음 몽골의 문화를 접하고 그들의 독특한 '흐미'라는 소리 예술을 접했을 때다. 자연과 혼연일체를 이루는 듯한 그들의 창법을 보며 독특함에 감탄한 순간을 아직도 잊을 수 없다. 또한, 샹송의 감미로움에 감탄하던 내 귀에 다가온 포르투갈의 파두(Fado)는 샹송에 비해 너무나 깊고 간절한 운명과의 화해를 노래하는 듯한 인간의 소리였다. 그밖에도 안데스산맥을 오르내리며 신과 자연과의 소통을 행복으로 노래하는 라틴아메리카 원주민의 노래 등 세계에는 수많은 소리의 예술 세계가 있음을 인정한다.

크게 나누어 설명할 때 유럽을 중심으로 서양인의 음악을 '미성', 중국 베이징 오페라에서의 소리를 '가성', 터키나 한국의 전통의 소리에서 접할 수 있는 소리를 '통성'으로 분류하고 있다. 그런가 하면 온몸의 근육을 다 동원해 내는 소리를 '닫힌 소리', 가슴이나 머리 부분만을 열고 내는 소리를 '열린 소리'라고 한다. 이렇듯 몸의 어느 위치를 얼만큼 열고 내는 소리냐에 따라 감동을 주는 강도가 다르다.

지금은 어느 시대보다도 세계시장이 하나로 묶어지는 시대다. 한국공연예술원이 지향하는 '한극'에서는 앞으로 한국도 가치 있고 감동적인 소리 예술로 온 세계를 감동하게 할 날을 고대한다. 그런 '긍정적인 인간상'을 창조할 그 날이 올 때까지, 이러한 꿈이 실현될 날을 기다린다.

♪

대한민국은 연중무휴 축제 중

21세기의 특징은 ① 경계가 무너지는 시대, ② 세계화하지 않으면 존립할 수 없는 시대, ③ 무한 경쟁의 시대, ④ 대중화의 시대, ⑤ 사고(思考)할 겨를도 없이 실천으로 옮겨야 하는 스피드의 시대, ⑥ 하나의 논리로만 존재할 수 없는 시대다. 이러한 특징은 오늘날 대한민국을 휩쓸고 있는 2,000여 개가 넘는 축제와 엔터테인먼트의 문화 현상에서 여실히 드러나고 있다.

9월과 10월 들어 진행되고 있는 연극제만 보아도 서울국제공연예술제, 세계국립극장 축제, 과천한마당축제 등 너무나 볼거리가 충만해서 주체할 수 없을 정도다. 아마도 무용제까지 거론하자면 그 수를 헤아릴 수 없으며, 지방에서 이루어지는 가을축제를 논하자면 끝이 없을 정도다.

이뿐만이 아니다. 어느 해보다 긴 여름의 무더위를 이겨낸 사람들의 가을 나들이 행진은 아름다운 각 지방의 호텔에 예약이 넘쳐 가벼운 마음으로 길을 떠날 수 없을 만큼 한가롭지 못하다. 이러한 현상은 아마도 주5일 근무제를 실행하면서부터 졸지에 변한 한국인의 생활 방식일 테다. 이는 주 5일제 근무제와 지방자치제 실현과 맞물려, 소비 지향의 가치관을 민감하게 수용하고 있기 때문이라고 생각된다. 활력이 넘치고 순발력을 발휘하는 한국인의 기상이 아마도 머지않은 장래에 세계를 이끌어가는 동력으로 자리매김하지 않을까 조심스럽게 낙관론을 펼쳐본다.

한편 마음 놓고 낙관론에 기대를 걸고는 싶으면서도 마음 한구석 불안을 느끼는 것은 왜일까?

오늘날과 같은 스피드한 다변화의 세계 속에서 문화가 무엇을 담당해야 하는지도 모르는 채 우리 모두가 문화를 배신하고 있는 것은 아닐까? 예술의 가치는 일상 속에 파묻혀 삶의 또 다른 가치를 잃고 균형을 잃을 때, 감동을 주어 마음의 향방을 바로잡아주고 살아 있음에 감사할 줄 아는 마음을 주는 데 있다. 서구의 철학이 너무나 긴 세월 동안

관념 철학에 침잠해 있을 때, 일명 생(生) 철학, '삶'의 철학이라는 이름으로 문화를 논하던 학자들은 문지방이 있는 가옥의 문화와 문지방이 없는 가옥의 문화를 비교했다. 문지방 공간의 경계를 마음의 경계로 옮겨와 삶의 안과 밖을 어떻게 수용하고 있는지를 기준 삼은 것이다.

문지방을 넘는 행위는 단순히 공간의 이쪽과 저쪽만의 구별이 아니라, 마음의 이쪽과 저쪽을 구분하여 공간과 마음의 경계를 세웠다는 것이다. 즉, '감동'이란 바로 마음의 문지방을 넘어 또 다른 세계를 내 것으로 삼는 순간이며, 축제는 문지방 넘나들기의 사회적 표현이자 마음의 균형 잡기 행사인 것이다.

오늘날 대한민국에서 벌어지는 축제는 과연 어떤 의미를 부여하고 있는 것일까? '문지방'이라는 것을 생각이나 하면서 그렇게 많은 돈을 쓰고 있는 것일까? '빈곤 속의 풍요'가 과연 우리의 '마음의 미래'에 향방을 알려나 줄 수 있을지 오히려 답답할 때가 더 많은 요즈음이다.

2009. 3.

♪

2008 여석기연극평론가상

　2009년 2월 21일 동국대 학관 201호에서는 '여석기연극평론가상' 시상식이 치러졌다. 아직 이른 봄이라 쌀쌀한 바람, 신선한 공기 속에 움트고 있는 땅속의 온기를 충분히 짐작할 수 있는 날씨였다. 우리 몸 속에서도 봄의 설렘을 예감할 수 있는 그런 날이었다. 제12회 수상자는 허순자 교수(서울예술대학)로, 그를 축하해주러 온 외부의 몇몇 손님(임영웅 예술원 회원, 안호상 서울문화재단 이사장, 구자홍 명동국립극장 극장장 등)을 빼고는 대부분 연극평론가 40~50명이었다. 서로 아는 얼굴이기에 매년 한 번씩 정답게 인사하며 연극평론가의 위상과 의무를 반성하고 다짐하는 자리가 되었다.

더구나 올해 87세를 맞은 여석기 선생의 허리 하나 굽지 않은 꼿꼿한 자세와 역력한 기억력은 우리를 기쁘게 해주었다. 여석기연극평론가상은 1997년 마련되어 올해로 12회를 맞이한다. 한 해 동안 출판된 평론집과 그 활동을 평가해 한국 연극계의 지난 활동과 그 방향을 더듬어보며 무엇보다도 연극계의 지형이 어떻게 변하고 있으며 또한 어떻게 변해야 할 것인가를 짚어본다.

요즘 같은 대중화 시대에 보기 드문 전문가 집단의 모임이며 연극에 대한 전문가의 시각이 평가되는 자리다. 한 해 동안의 연극평론 작업의 수확을 점검하는 즐거운 시간이다.

수상자가 정해지는 과정은, 매년 1월 한국연극평론가협회 자문위원인 이상일, 이태주, 유민영, 한상철, 양혜숙, 구희서와 당해의 회장(2008년 김형기 교수)이 모여 올해의 작품을 선정한다. 김남석의 〈빛의 유적〉(연극과인간), 김숙현의 〈동시대 연극 양상과 연출 지형〉(현대미학사), 허순자의 〈국제화 시대의 한국 연극〉(연극과인간) 등 3 작품 중 허순자 교수의 작품이 선정되었다. 올해 심사 경위를 발표한 내용에서 지적했듯, 평론 작업은 수렁과 같은 연극계, 더 나아가 문화계를 바로 세우기 위한 작업이다.

밟으면 밟을수록 깊이 빠지는 문화계의 어려운 현상 속

에서 그 가치의 척도와 방향을 세워보자는 부질없는 작업인 셈이다. 왜냐하면 극작가나 배우 등 대중이 알아주는 분야에서의 일이 아니라 알아주지 않는, 또한 시대와 함께 사라지기 십상인, 그래도 있어야 하는 평론 작업은 남이 갖지 않는 세 가지 덕목, ① 남이 갖지 않은 미래를 바라볼 수 있는 직감 ② 연극에 대해 대중과 소통할 수 있는 글재주 ③ 나쁜 연극과 좋은 연극을 구별해 좋은 연극을 양산할 수 있도록 정책을 이끌어낼 수 있는 실천력이 필요하다.

이 세 가지 덕목이 없다면 이 덧없는 평론 작업에 뛰어들 일이 아니다. 박사가 되고 교수가 되어서 누구나 평론을 할 수 있다고 생각한다면 큰 오산이다. 한국 평론가의 1세대를 대표하는 여석기연극평론가상이 생겼다는 것은 당시 오화섭, 여석기, 김경옥 등 1세대를 빛나게 하는 일이며 1973년 서울 극평가 그룹(이상일, 이태주, 한상철, 양혜숙, 김방옥, 뒤에 김문환, 송동준)과 1986년에 결성된 한국연극평론가협회를 결속하는 훌륭한 사업이다.

2009. 4.

♪

대중극과 사실주의 연극

한 출판사 사장님의 말씀이 떠오른다.

"아, 글쎄 책을 30여 년 출판하면서도 생각지 않은 책들이 대박을 가져오는 걸 보면 도무지 알 수 없는 게 대중들인 것 같아요!"

수년 전에 들은 말이다. 이와 비슷한 현상이 연극판에서도 종종 벌어진다. 가장 최근의 경우가 동국대학교 내 새롭게 단장한 '이해랑극장'이라고, 단 300석 공간에서 일어난 일이다. 이해랑극장 개관 기념작 〈친정엄마와 2박 3일〉이 대박 난 것이다.

생전 연극을 보고 싶다고 한 적이 없는 대학 동기, 초등학교 동창생까지 그 연극 좀 볼 수 없겠느냐고 전화로 청해온다. 모처럼의 부탁이다. 한국 연극계의 중심에 서서 한국에 사실주의 연극을 뿌리내리게 하려고 애쓴 이해랑 선생의 이름을 단 극장에서 일어난 일이다. 나도 가보려고 마음먹었던 차라 그리 어렵게 생각하지 않고 표를 몇 매쯤 예약하려고 전화를 걸었다. 그런데 놀라운 일은 매진되어 자리가 없다는 것이다. 대박 끝에 연장한 공연이라 자리가 있으리라 생각했는데 의외였다. 그 공연이 더욱 궁금해졌다.

마침 연출자 구태환은 베세토 연극축제 때 한국의 굿을 조명해보라며 일부러 내가 대동하고 갔던 친구라 부탁을 하기로 하고 전화를 걸었다. 구태환은 매우 미안해하면서 앞에 특별히 의자를 마련해서 구경할 수 있게 해주겠노라고 약속했다. 나도 미안했지만 이쯤 되고 보니 그 연극에 관해 더욱 궁금해졌다. 미국에서 갓 돌아와 완구 수출업 하는 사장 제자, 교수 친구, 가정주부 친구, 사회 생활하던 친구 등 다양한 계층을 모아 함께 구경했다.

방송인 출신 작가 고혜정의 네 번째 작품으로, 한국의 여성들과 중장년층의 모성애에 얽힌 애틋한 사랑을 듬뿍 담아 관객의 눈물보를 자극하기에 충분했다. 300석 좌석뿐만 아니라 좌석 사이의 통로까지 꽉 채운 손님들은 연극이 끝나자 너 나 할 것 없이 울어서 눈이 벌건 채 자리를 뜨고 있었다. 물론 나도 눈물을 흘렸다. 이렇게 대중과 함께 울어본 경험은 처음인 듯 싶다. 여기에 한몫을 한 것은 공간의 확장, 즉, 좁은 무대를 한껏 끌어내어 무대를 객석과 터버린 공간 연출과 대중의 어떤 곳을 건드려야 가장 가깝게 교감할 수 있는가를 터득한 고혜정 작가 덕분이라 볼 수 있다. 더 나아가 강부자, 전미선, 이서림, 이용이, 정상철의 자연스러운 연기와 그들의 지명도도 한몫하였으리라.

〈세일즈맨의 죽음〉, 〈욕망이라는 이름의 전차〉, 〈유리 동물원〉 어떤 작품 하나 우리의 심금을 울리지 않은 연극이 없다. 우리나라의 사실주의 연극들은 사회 상황과 시대정신을 잘 파악해 따뜻한 인간의 정서를 담고 우리의 심금을 울린다.

이번에 대박 난 〈친정엄마와 2박 3일〉이 무엇을 보충해야 한국의 사실주의 연극으로 고전이 될 수 있을까? 깊이 생각하고 토론해 한국의 사실주의 연극의 정론을 다시 한번 살펴볼 때라는 생각을 하며 극장을 나섰다.

2011. 2.

♪

모조는 창조의 밑거름이다

지난해 말 성남아트센터 오페라하우스에서 막이 오른 〈아이다〉를 보았다. 첫날 공연은 한국 공연계의 명사와 관계자들을 모두 모아놓고 5년 만에 다시 올리는 〈아이다〉가 제대로 한국 뮤지컬계에 자리매김을 하는 계기가 되었다. 무엇보다 한국 측 프로듀서 박명성의 이 작품에 대한 애정과 열정이 오늘이 있게 한 원동력인 것을 알 수 있다. 박명성은 김상열이 이끌던 극단 신시를 인계받으면서 꾸준히 한국 무대에 뮤지컬 심기에 심혈을 기울였다.

그가 올린 작품 중 〈맘마미아〉, 〈헤어스프레이〉 등은 대중의 사랑을 받으며 성공한 작품이다. 차범석 작 〈산불〉을 뮤지컬화하면서 5년이란 긴 세월을 투자해 외국의 훌륭한 재원들과의 합작을 시도했으나 참담한 실패를 경험하기도 했다. 그의 무대를 보고 마음 아픈 적도 있다. 박명성은 뮤지컬을 고집하며 대중과의 소통을 최대한 성공적으로 끌어내는 드문 제작자 중 한 사람이다.

그는 한국 최초의 뮤지컬 제작자인 김의경의 뒤를 이어 가장 성공한 뮤지컬 제작자로서, 또한 앞으로도 대중문화의 견인역할을 할 훌륭한 인재임을 의심치 않는다. 개인적으로 뮤지컬에 그리 이끌리지 않는 본인은 그동안 뮤지컬의 무대가 너무나 서구화되어 있고 서양의 정서로만 꾸며졌을 때 성공을 거두는 경우를 보고 내심 불편한 마음까지 들 때가 허다했다.

특히 주옥같은 뮤지컬의 아름다운 곡들은 즐기면서도 국내 창작 뮤지컬까지 서구식의 창법과 서구식의 구성으로 꾸며져 있다는 것은 보기 불편했다. 그것은 우리 민족의 밑바닥 정서에 접근하기에는 너무나 거리가 먼 느낌을 받았다. 미국의 뮤지컬을 그대로 답습하는 한국과 일본의 뮤지컬 무대를 보며 나는 내심 '참으로 자존심이 없는 민족이구나' 하고 한탄스러울 때가 많았다.

이탈리아, 프랑스, 스웨덴이나 서구 유럽 국가들은 오페라, 오페레타에 이어 뮤지컬로 이어지고 있다. 음악극은 서구의 사회가 왕권 사회에서 부르주아 사회로, 다시 쁘띠 부르주아 사회에서 시민사회로 옮겨가며 변화해왔다. 그동안 음악극의 사회적 변화를 배경으로 참작해볼 때 사회구조의 변화 없이 갑자기 시민, 대중사회로 바뀐 제3세계권의 정서는 젊은 세대를 중심으로 이어져왔다.

이후 뮤지컬은 동·서를 가리지 않고 대중문화의 그릇이 되었다. 특히 미국 사회에서 발생해 성공을 거두며 유럽과 온 세계를 강타한 뮤지컬이 수많은 단체의 성공과 실패를 딛고 이어오는 모습을 보며 느끼는 바가 많다. 모든 일에는 때가 있고 거름이 되는 실패 위에서 그 바탕이 다져질 수밖에 없구나! 특히 〈아이다〉의 성공을 보며 그동안 많은 시행착오를 딛고 완벽한 모작(模作)을 할 수 있을 때 비로소 새로운 창조의 바탕이 되고 있음을 여실히 볼 수 있었다. 또, 디즈니 시어트리컬 그룹 토마스 슈마허 회장을 비롯한 팝의 거장 팀 라이스의 작품을 한국의 제작팀과 출연팀으로 완전히 바꾸어 훌륭한 무대를 만들어낸 데에 축하를 보낸다. 박칼린의 철저한 예술가적 기질이 증명된 경우로 보아 마땅하다. 완벽한 모작은 창조의 출발이다.

2012. 4.

♪

예술가의 자존심과 자만심

"안녕하세요. 외할머니예요. 지난번 둘째 딸 피아노 독주회에 와주신 거 너무 감사해서 전화 올렸습니다."

우리 며느리의 어머니, 그러니까 안사돈의 전화였다. 우리 며느리는 인사동 그림손 갤러리에서 2월 26일부터 3월 6일까지 미술 전시회를 끝냈고, 3월 20일 세종문화회관 체임버홀에서는 며느리의 동생이 또한 아주 훌륭한 피아노 독주회를 끝냈다.

사돈 양반 내외는 두 따님 중 큰 따님은 화가로, 작은 따님은 피아노 연주자로 키웠다. 이젠 다섯 살이 된 외손자를 돌보며 우리 며느리의 뒷바라지를 마다하지 않고 훌륭히 해내고 계시다. 그분의 말씀에 의하면 예술가는 '자존심을 넘어 자만심을 가질 만큼' 자기 위축감을 넘어서야 한다는 어느 예술가의 말씀을 명심하며 두 따님을 길러냈다고 한다.

그래서인지 우리 다섯 살 손자 또한 '자아 구축 시기'여서인지는 몰라도 이 세상에서 자기가 제일 잘난 줄 알고 크고 있다. 그러고 보면 예술을 통해 삶을 영위하며 세상을 바꾸는 일에 여념이 없이 살아가는 일은 자긍심과 자존감이 남달리 분명하고 확실치 않으면 어려운 직업인가 보다. 반고흐가 귀를 왜 잘랐으며, 폴 고갱이 남태평양 미지의 섬에 왜 도망가듯 찾아갔겠는가!

21세기 글로벌 시대·다원화와 다양화 시대·대중문화의 시대에는 누구나가 전문인이 되고, 누구나가 예술가가 될 수 있다. 너도나도 정치가가 되고, 너도나도 예술을 체험하며 사람들은 모두 자신들도 무엇이 '된 양' 착각하며 살아간다. 또한, 자유롭고 풍요롭게 살 수 있는 다채로운 시대에 우리는 살고 있다. 모두 제각기 '무엇이 된 듯' 착각 속에 자기 세계를 구축하며 살아가고 있는 것이다. 매우 건강하고 활기찬 시대로 보아 틀림없다.

그러다 보니 '갖추어진 사람'과 '갖추지 못했으면서도 갖춘 사람으로 착각하며 사는 사람들' 사이에서 '시대의 잣대'

가 마련되지 않은 채 뒤죽박죽 살아가는 게 우리 시대의 특징이 아닌가 싶다. 좋고 나쁨을 떠나서, 거짓과 진실이 구별되지 않고 '되고' '안 된' 것의 뚜렷한 구별이 없다. 모든 '답지 않은' 것들이 '다운' 것들을 오히려 몰아내며 주인 행세를 하는 혼잡한 시대가 바로 우리가 사는 시대라는 서글픈 생각이 든다.

    그럼에도 불구하고, 진정한 교육을 받고(공교육만이 아니다), 진정한 가치를 직감으로 판단할 수 있는 교양인, 시대와 사회를 이끌어갈 수 있는 훌륭한 의식을 가진 지도자들이 앞장서서 사회를 이끌어 나아가야 한다. 그래야 비로소 우리 시대에 맞는 '시대의 잣대'가 다시 말해 이 시대의 '가치척도'가 마련되는 건강한 모습이 되리라.

2012. 12.

♪

〈죄와 벌〉

    그동안 문화사의 변화는 크게 두 흐름을 반복하면서 인간 마음의 변화를 대변하고 있다. 그것은 순수예술과 대중예술의 갈림길로, 인간의 시대적 마음의 흐름을 문화로 나타내는 것이다. 이는 물론 모든 다른 사회적, 시대적 상황 속에서 생기는 변화 양상으로 복합 현상이 문화 흐름의 형태로 표현되고 있는 것이기도 하다.

    오늘날 세계는 큰 폭의 변화를 겪으며 인간 스스로가 가늠하기 어려울 정도로 변화하고 있다. 모든 면에서 기존의 척도가 가늠할 수 없을 정도로 변화하고 있는 가운데 문화의 양상은 쉽고, 재미있고, 누구나 즐길 수 있는 대중문화의 큰 흐름으로 가고 있다.

〈개그콘서트〉, 〈1박 2일〉, 〈무릎팍도사〉, 〈무한도전〉, 〈런닝맨〉, 〈안녕하세요〉, 〈힐링캠프〉 등 끊임없이 새로운 형태의 대중문화 현상이 우리를 즐겁게 하지만 때로는 싫증나게도 한다. 생각하고, 고민하고, 철학적 사고의 모습을 유도하는 형태의 예술은 대중에게는 무겁고 귀찮기만 하다.

그래서 언어에 기대어 사유하고, 판단하고, 고민하기 알맞은 연극이 이 시대에서는 큰 어려움을 겪고 있다. 그러나 이제는 차츰 다른 형태의 예술, 즉 사유와 철학을 유도하고, 존재 이유를 되새김질하게 하는 예술이 까다로운 대중에게 보완의 길을 열 때가 되었다고 본다. 그러한 의미에서 2012년 사다리움직임연구소가 내놓은 〈죄와 벌〉(도스토예프스키 원작, 이수연 편작, 임도완 연출)은 이 시대에 새로운 조짐의 변화를 유도하는 좋은 작업이라 생각한다.

특히 이 작품은 사다리움직임연구소가 꾸준히 진행하고 있는 연극의 새로운 공간성 창출 속에 인간 내면의 투시도를 융·복합적으로 투영해 보인다. 아울러 건축학적 구도의 변화를 활용해 무대라는 공간을 시공간의 씨줄과 날줄 속에 무한한 확장과 속도감으로 살리고 있다. 더불어 작품 속에서 활용되는 사운드의 활용과 조명의 차원을 뛰어넘는 빛의 활용이 인상적이었다. 조명의 활용은 연극 무대라는 답답한 공간을 영화에서나 느낄 수 있는 확장과 속도감으로 관객을 지루하게 하지 않는다. 특히 임도완이 시도하고 있는 코러스는 배우들의 움직임과 내면의 새로운 표출이다. 이러한 기법으로 처리하면서도 무대를 넷으로, 셋으로, 둘로, 하나로 움직이며 자유자재로 연극 흐름에 맞추는 동시에 주인공의 내면의 세계를 투영하게 한 시도는 매우 돋보이는 성과였다.

도스토예프스키의 작품 세계가 내포하고 있는 복잡하면서도 심오한 사상과 인간 내면에 도사리고 있는 어두운 면과 과잉된 욕망이 환상으로까지 치닫는다. 내면의 모습을 최대한 입체적으로 표현하기 위해 머리를 짜낸 임도완의 연출은 작품 〈보이첵〉에서보다 한층 발전하고 성숙해 있었다. 단순하고 품격이 떨어져 보이기 쉬운 대학로예술극장 대극장 무대를 처음으로 창의성으로 꽉 차게 한 훌륭한 작품이었다. 다만, 한 가지 좀 더 작품이 내포하고 있는 여러 갈래의 얘기를 함축적으로 축약했더라면 완벽에 가까운 성과를 거두는 데 손색이 없으리라 본다.

2013. 7.

♪

서양을 극복할 것인가, 육화할 것인가?

아주 오랜만에 음악이 좋아 미니 기타를 둘러메고 어디라도 부르면 가서 노래와 반주를 선사하는 영문학도 출신의 최남석 후배 초대로 국립오페라단 공연 〈처용〉을 보러 갔다. 한국 최초의 여성 러시아 대사를 지낸 이인호 박사와 서강대 교수를 거쳐 KBS 이사장을 지낸 우리나라 신문방송계의 큰 그릇인 유재헌 교수와 동반 관람이 예정된 자리였다. 영문학도, 신문학도, 사학도, 독문학도 등 서양문화의 토양을 물씬 마시고 교양을 쌓아온 좋은 관객에다. 네 사람 모두 '우리 것의 발전' 방향을 나름대로 제 분야에서 고심하는 사람들이었다.

우리나라 설화의 큰 자리를 차지하는 '처용'을 서양문화의 큰 줄기를 터 잡아 내려오고 있는 오페라라는 그릇에 어떻게 담았을까? 궁금하고 기대되었다. 이 오페라는 이미 1987년 11월 1일 국립극장에서 초연된 바 있는 국가적 작품의 일환으로 마련된 귀한 공연이었다. 이번 공연도 그 참가진이 화려하고 단단하다. 원작 처용설화를 바탕으로 극본 김의경, 가사 고연옥에, 지금 막 연극계를 딛고 여러 공연예술계에 진출해 연출을 맡은 양정웅, 작곡계의 큰 별 이영조 작곡으로 프라임 필하모닉 오케스트라(지휘 정치용)와 그란데 오페라합창단(지휘 이휘성)의 열연을 볼 수 있는 무대였다.

처용 테너 신동원, 가실 소프라노 임세경, 역신 바리톤 우주호, 옥황상제 바리톤 전준한, 임금 바리톤 오승용, 노승 바리톤 박경종 등 출연진도 화려하다. 무대(임일진), 의상(김영지), 조명(여국군), 분장(구유진) 등도 자신의 분야에 분투하는 훌륭한 분들이다. 가히 한국 오페라계의 진수를 볼 수 있는 절호의 기회였다.

이영조의 작곡은 서양 음악인을 무색하게 할 만큼 웅장하고 섬세했으며, 힘차고 근엄하기까지 했다. 출연진의 가창력과 성량 또한 관객을 압도하며 무대의 풍요로움을 선사했다. 경제성 때문인지 영상을 활용한 무대도 볼거리를 제공하는 데 심혈을 기울였음을 감지했다. 모든 것이 화려하고 박력 있는 무대였음에도 막이 내리고 쏟아지는 박수를 들으며 마음 허전한 것은 왜였을까?

문제는 처용의 설화를 우리 정서에 맞춘다고 했는지 몰라도 옥황상제, 역신, 임금, 노승 등 그 겉옷은 한국적인 것을 보이려고 애를 썼는데 그 펼쳐가는 스토리는 서양의 설화 프로메테우스의 불의 선물을 연상시키는 너무나 서구적 접근이었다는 데 있다. 우리의 현주소가 어디에 있는지를 모를 정도로 서구 오페라를 본 느낌이었다. 왜 제목을 굳이 '처용'이라 했을까? 대본 속에서는 절실한 갈등의 출처를 읽을 수 없는 채 처용과 가실의 사랑의 갈등은 허공을 헤매고 있었다. 또한, 아리아가 공연의 꽃을 장식하지도 못했다.

우리는 과연 서양을 모방할 것인가? 서양을 소화해 우리의 것으로 우리 그릇에 담기에는 얼마나 요원한 길을 가야 할 것인가? 그러한 목표를 제대로 설정하고 있는 것인지? 문화계의 이 화려한 인재들을 품고 있으면서도 서양을 육화(肉化)하는 것은 요원한 일인가? 그러기 위해 관객 교육과 예술 교육이 제 길을 가고 있는지? 많은 생각을 하게 하는 밤이었다.

2013. 12.

♪

환상의 아름다움

  2003년 사이프러스에서 매년 열리는 '그리스고전드라마 축제'(GREEK ANTIEK DRAMA FESTIVAL)에 한국공연예술원 KOPAC 시어터의 〈업, 까르마〉가 초대되었다. 오이디푸스 왕의 얘기를 '우리 식'의 공연 어법으로 무대에 올렸을 때, 까마득히 잊고 있던 그 옛날 창호지의 아름다운 문양과 차례상의 문어 공작새가 떠올랐다.

  어렸을 때 설날이 되면 꽃분홍 치마, 노랑 저고리를 입을 기대보다도 차례상에 놓일 가지각색의 음식을 구경하고, 그중에서도 문어 공작새가 날아갈 듯 오려놓은 상차림에 압도되었다. 어떻게 딱딱한 문어 다리를 가지고 아름다운 공작

날개를 오려놓을까, 그 문양의 화려함과 날렵함에 심취해 차마 그 좋아하는 문어를 감히 씹지도 못했다. 내 책상 위에 놓고 몇 날이고 보다 나중에야 날개 하나씩을 뜯어 입에 넣었다.

나는 늦가을이면 방마다 문창호지를 새로 바르고 겨울맞이를 한다. 창에 붙일 다양하고 신기한 여러 종이를 보며 닥종이 창호지로 한껏 멋을 내는 한국 창문의 아름다움에 심취했다. 따뜻한 온돌문화에 나는 행복을 누렸다. 그러나 이러한 아름다운 추억은 6·25를 겪고 6~7년의 유학 생활을 지낸 후 한국에 돌아왔을 때는 이미 너무나 먼 옛날의 일로 까마득히 잊혀져 있었다.

사이프러스 그리스고전드라마축제는 전 세계에서 DVD나, CD로 응모한 작품 중에 10개의 작품만을 뽑아 그리스식 궁중 극장에서 공연하는 특별한 페스티벌이다. 그 극장은 2,200년 전에는 아름다운 궁중 극장이었다고 한다. 지금은 폐허 속에 300에서 600석이 가능한 야외무대로 사용되고 있었다.

유네스코가 지정한 유형문화제라 낮에는 관광객이 방문하고, 오후 6시부터는 무대를 꾸미고 저녁 8시에 공연을 볼 수 있다. 그러니 기존의 서양식 사실주의 무대를 기본으로 배운 무대미술가는 대책이 없는 정황이었다. 다행히 우리는 예상할 수 없는 상황에 대비하기 위해 서울대 조각과 신현중 교수의 설치미술을 염두에 두고 그를 동원해 훌륭한 공연을 끝내고 대상을 받았다.

신 교수는 놀랍게도 한지와 비슷한 재료를 현지에서 구해 창호지 창문의 따뜻함과 은은한 분위기로 무대를 만들어 주었다. 우리 가락과 춤으로 풀어간 오이디푸스는 사이프러스를 찾은 모든 이들을 황홀하게 매료시켰고 기립박수와 함께 그랑프리를 수상했다.

그 후 나는 우리나라의 이 종이예술의 근원이 궁금하기만 했다. 그러던 중 2010년 충청도 지역에서 유래되어 내려오는 안택굿을 무대에 올리기 위해 신석봉 법사를 모셔왔다. 그가 무대 위에 설치하는 종이예술을 보고 너무나 아름다운 전통 종이예술의 깊은 맛에 눈을 뗄 수 없었다. 어느 예술에 견주어도 뒤지지 않는 훌륭한 예술 세계였고 2003년 사이프러스에서 그랑프리를 수상했던 기억이 났다.

다행히 이러한 문화의 근원을 잊지 않으려 몇몇이 힘을 모아 계룡산 설위설경 보존회 회원전을 열고 있다. 〈설경(說經) 세상 밖으로 나가다 - 음지에서 양지로〉. 법사 이재선, 무녀 강창미 등이 주축이 되어 힘겹게 우리 문화의 '속살' 지키기에 힘을 다하고 있다.

  설경 속에서 나는 옛날 어머니가 정화수를 떠놓고 빌던 간절한 마음이 담겨 있음을 보았다. 이번 전시회에서는 전통을 아는 사람을 찾아내어 자신의 속마음과 함께할 수 있는 행복을 누릴 수 있을 것이다.

2014. 2.

♪

우리가 얻은 것과 놓친 것

 공교롭게도 나는 이번 달 두 개의 대조되는 공연을 보고 우리 문화가 무엇을 즐겨 수용하고, 무엇을 반대로 놓치고 있는지 돌아보게 되었다. 독일의 여류시인 잉게보르크 바흐만(Ingeborg Bachmann)은 1960~70년대 제2차 세계대전 후 독일인들이 독일 역사를 반추하며, 독일 국민의 내면을 되새김질하던 때 주목받은 시인이다. 그의 역작 〈맨해튼의 사수〉는 대학을 갓 졸업하고 연극을 열망하는 최은경에 의해 대학로 무대에 올려졌다.

 공연화하기 만만치 않은 작가 바흐만의 장시를 극화한 작업이다. 사랑을 통한 인간 내면의 변화와 성취의 과정, 그 결과를 그리고 있는 이 작품에서는 사랑의 성취를 죽음으로 완성하는 여성성의 사랑과, 사랑을 통한 성숙의 과정을 거쳐 자유를 쟁취하는 남성성의 사랑으로 대조시키고 있다. 오랜만에 인간 내면의 세계를 되새겨보는 사유의 시간을 주어 공연으로서의 다른 많은 미숙함에도 불구하고 내게는 신선함을 느끼게 하는 시간이었다.

뮤지컬 〈맘마미아〉 또한 진정한 사랑이 어떻게 찾아지는지를 보여주는 내용이다. 외향적 표출과 활력, 유머 넘치는 전개로 우리에게 일상의 삶에 얽힌 사랑을 통한 마음의 미로를 풀어주는 스토리이다. 특히 아바(ABBA)의 음악을 바탕으로 하고 있어 근 30년의 세월을 세계인의 사랑을 받으며 뮤지컬 역사의 또 하나의 계보를 만들어낸 작품이다.

한국에서도 1,000회가 넘는 공연 횟수에 10년을 사랑받으며 신시컴퍼니를 성공적인 뮤지컬 극단으로 만들어주었을 뿐 아니라, 한국 뮤지컬 작품을 시도할 수 있게 해줘, 〈산불〉(차범석), 〈정글만리〉(조정래)를 세상에 선보이게 해주었다.

나는 이 두 공연의 대조되는 모습에서 근래의 한국 사회가 어떤 모습의 인간을 지향하고, 어떤 성향의 문화를 추구하고 있는지 새삼 느끼게 되었다. 그리고 문득 내 독일 유학 시절을 다시 한번 떠올려보았다. 내가 독일 유학을 하던 1960년대 초반, 나는 한 독일 학생의 사랑의 편지를 받고 너무 놀란 적이 있다. 그 사랑의 편지는 사랑한다는 감성의 표현이라기보다는 자기 내면의 분석과 성찰, 미로 같은 자기감정의 추적, 자신의 변화된 모습의 총괄로 사랑의 확신을 증명하는 자기분석의 내용이었다.

물론 그러한 독일인의 감성과 표현이 좋아 내가 독일문학을 전공으로 택하고 유학을 독일로 갔으니 그곳에서 내가 배운 가장 귀한 것은 끊임없이 추구하여 결정체를 이루는 그들의 '일관성'(Konseguenz)이었다. 나중에 깨달았지만, 그들에게는 부족하고 우리 민족이 가진 것이 즉흥성과 순발력이라는 것에 오히려 감사한 바 있다.

우리에게도 옛날의 선비문화나, 성리학을 발전시킨 선조들의 철저한 내면의 성찰을 보건대 품격과 격조 있는 문화가 있었음이 틀림없다. 요사이 우리 문화는 즉흥성과 외면적 아름다움에 치우쳐 거의 상스러운 경지까지 치닫고 있음을 느낄 때가 많다. 내면의 되새김이 없는 문화는 자칫 천박함을 면치 못할까 염려가 된다.

2014. 9.

♪

감동과 재미 그리고 깨달음

 세월호 사건을 통해 우리는 앞만 보고 달려온 사회 곳곳에 고인 비리와 부패의 늪을 보고 있다. 경제 대국 대열에 들어간 국민의 자부심은 암담한 수치심을 감당하기 어렵다. 이러한 가운데 각 분야에서 한 사람 한 사람이 어떻게 삶에 임해왔는지를 되돌아보고 철저히 반성하며 새로운 각오로 살아가지 않으면 안 되는 시점에 와 있음을 절절히 통감한다.

 나는 문화예술 분야에 종사하면서 살아온 사람들의 반성 또한 더욱 철저해야 한다고 믿는다. 인문학이 새로운 삶의 지평으로 떠오른 이때 공연예술에 몸담은 사람으로서 예술이 사회에서 감당할 몫이 무엇인가를 다시 한번 짚어보고 작업에 임해야 한다고 믿는다.

자고로 예술은 '일과 놀이'로 구분되는 삶의 양면에서 볼 때 '놀이'를 감당하며, 삶 속에 담겨 있는 재미와 감동에 대한 깨달음의 경지에 이르게 한다. 오늘날 우리 사회와 세계의 추세는 잡다한 재미와 복잡다단한 요란함으로 감동의 경지는 고사하고 깨달음에 이르는 감동의 작업을 만나기가 너무나 어려운 게 현실이다. 핑계는 여러 가지다.

첫째, 돈이 없어서 완성도에 못 미친다는 것이다. 둘째, 재능이 없는 사람들은 체험 중심의 대중화 추세에 얹혀 예술가의 사명감에는 생각도 미치지 못한다. 셋째, 감동은 고사하고 재미의 단계에도 못 미치는 작품으로 관객과 독자의 마음을 사지 못하고 마음의 표면만을 채색하고 혼란스럽게 만든다. 넷째, 세계화 시대의 융복합형 새로운 장르 창출에 눈이 어두워 진실로 예술이 재미의 단계를 거쳐 감동으로 관객과 독자의 심상에 깨달음의 계기를 마련하는 것이 참가치 임을 생각지 않는다.

그리하여 세상에는 화려하고, 신나고, 요란하고, '아름다운' 현상으로만 세상을 어지럽히는 공연예술이 허다한 것을 말해 무엇하겠는가. 특히 스마트폰과 게임의 속도화 시대를 사는 어리고 젊은 세대에게 다가가기 위해 예술은 마술과 같은 속임수를 써서라도 젊은 세대의 환성을 갈망한다.

하지만 이렇게 혼탁한 시대일수록 예술이 감당해내야 할 몫은 한 치의 어긋남이 없는 치밀한 계산과 진실을 통해 대중에게 다가감으로써 우연과 불성실의 결과로 나타난 가짜 예술을 가려내는 것이다. 또 성실함과 정직함의 가치를 통해 더 큰 세상, 더 진실한 세상이 무엇인가를 알게 하는 경지로까지 도달해야 함을 잊어서는 안 된다.

그래서 문화예술계의 '세월호'들을 양산해서는 안 된다는 것을 명심해야 한다. 감동과 재미 그리고 깨달음은 문화예술이 감당해야 할 몫이기 때문이다. 예술의 완성도는 도달하기 어려운 신기루이나 그곳에 도달하고자 하는 예술가의 정신이 그 어느 때보다 절실한 때다.

2015. 2

♪

융합형 창조의 모범을 제시한 한성준 선생

 사람은 헛되지 않은 인생을 살고자, 한평생 무엇인가에 몰입해 창조하며 삶의 방향과 존재의 의미를 깨달으며 살아가려고 노력한다. 또한, 뜻을 세우고 사는 사람들의 고난과 역경을 보고 옷깃을 여미고 한낱 필부가 아닌 큰 포부를 가슴에 안고 하루를 쌓아가는 것이다.

 어떤 뜻을 세웠느냐에 따라 예술가로, 정치가로, 사업가로, 과학자로, 만화가로 다양한 모습으로 살아가게 된다. 다양한 모습 속 진정성을, 올곧은 진정성을 가질 때 사람들의 심금을 울리며 소통도 하고, 성취도 이루어지는 것이다. 또한, 시대정신에 따라 사람들이 성취하고자 하는 일은 종류와 모양이 다양하기 마련이고, 그 다양함을 통해 세계는 재미있고 아름다운 곳이 된다.

하지만 예술가로 새로운 창조물을 선물하고자 하는 사람들의 명제 속에 끊임없는 화두는 '전통의 현대화'다. 언제 어느 시대를 막론하고 하나의 창조물은 하늘에서 뚝 떨어진 것이 아니다. 그 시대를 산 한 예술가의 정신과 핏속에 흐르는 전통의 DNA 속에서 그 시대의 정신이 솟아나기 때문이다.

특히 70년대 이후 온 세계의 화두는 '뿌리' 찾기에 있다. 이는 정치적으로 양분된 두 이념의 분쟁이 또 다른 하나의 세력으로 부각하며 그 속에 잠재해 있는 '전통'의 힘을 보았기 때문이다. 한국의 예술계에도 '뿌리 찾기' 명제는 너무나 서서히 오랜 세월을 거쳐 오늘에 이르고 있다. 시간이 이렇게 많이 걸려, 제 길을 찾아 움직이는 것은 다행이라 여겨진다.

그러나 한국의 공연예술계는 일본 강점하에 단절되어, 일그러진 자화상의 근원적 문제가 어디에서 비롯되었는지 모른다. 어떻게 종합적으로 접근하며 제대로 된 전체의 모습을 찾을 수 있을지 아직도 시각을 찾지 못했다. '한국문화재 보호법'이나 '인간문화재 제정법'이 각론에서 시작한 법

령을 바탕으로 총론은 버려둔 채 각론만 가지고 다시 뜯어고치는 행정이 되풀이되고 있다.

이러한 역사적 배경에서는 '융합형 창조' 예술가의 탄생을 기대하기란 너무나 요원한 것이다.

이러한 어려움 속에서도 천재적 융합형 창조 예술인 한성준 선생과 김천흥 선생의 삶의 궤적과 창작열을 통해 통합형 한국 공연예술의 초석을 보유할 수 있게 되었다. 특히 한성준 선생은 장르를 넘나들며, 한국인의 장단과 박의 특징과 그 유형을 살려놓으면서도 하나의 박제된 모습이 아닌 새로운 창작물을 완성하고 있다.

더 나아가 그 시대가 요구하는 세계화의 흐름에 부응하기 위해 애쓴 흔적은, 오늘날과 미래의 한국 공연예술가들이 본받아야 할 큰 스승임을 뒤늦게나마 깨닫고 기리게 된 것은 다행이라 생각한다. 한성준 선생의 업적을 기려 기념사업회를 만들고 그 업적을 정리하며 한성준예술상을 제정한 한국춤문화유산기념사업회의 성기숙 회장께 감사하는 바이다.

2015. 3.

♪

한국에는 언제쯤 셰익스피어가 탄생할까

    이탈리아에서 유럽 대륙으로 전파된 오페라와 귀족 중심의 '궁중 연극'이 프랑스와 영국에서 대중문화로 자리 잡기에는 대략 200년이 걸렸다. 오페라에 비해 규모와 숙련도, 스케일과 전문성이 깊지 않아도 간편하게 다가가기 쉬운 궁중 드라마는 예상치 못한 환영을 받았다. 프랑스, 스페인, 영국으로 상륙할 당시의 궁중 드라마는 그 나라 대중문화 속에 확고한 자리를 확보했다. 특히 이탈리아 '꼬메디아 델 아르떼'의 유랑극단 형식의 공연들은 유럽의 극장 문화를 확고하게 대중 속에 자리잡게 하는 데 큰 역할을 했다.

    그리하여 프랑스에는 몰리에르(1622~1673)가, 영국에는 셰익스피어(1564~1616)가 탄생해 유럽 대륙에 극장예술의 선풍을 일으켰다. 특히 뒤늦게 '극장예술'에 심취하기 시작한 독일은 온 국토를 다 팔아서라도 셰익스피어를 사오겠다고 열망하며 공연예술을 독보적인 위치로까지 상승시켰다.

현대 연극의 독일 대가 B. 브레히트(1898~1956)를 빼놓고는 현대 연극의 이론과 역사를 쓸 수 없게 되었다. 또한, 러시아의 콘스탄틴 스타니슬랍스키(1863~1938)와 안톤 체호프(1860~1904)를 빼놓고는 근현대 서양 연극의 발전사와 그 이론의 배경을 설명하기 어렵다. 이렇게 유럽을 강타한 극장예술은 뒤이어 미국으로, 남미로, 아시아로 넘어가 세계의 기류를 바꿔놓았다. 유럽의 기독교 문화와 과학 문명의 급습을 받은 다른 대륙은 자본주의 문화와 공산주의 문화의 대립 속에 미개발국으로 남게 되었다.

선진국의 이념과 사상, 자본주의 체제와 공산주의 체제에 적응하느라 여념이 없는 채 기존 전통문화를 멸시, 또는 망각하며 살아온 지 오래다. 1970년대 말 1980년대로 아직 공산 진영의 입김이 제3세계로 스며들며 작용할 때 나는 동구권의 연출가를 중심으로 한 공연예술가들이 순진무구한 아시아의 대중예술에 유럽풍의 공연예술의 어법을 심으러 신나는 발걸음을 옮기고 있는 모습을 보았다.

나는 참으로 많은 생각을 하지 않을 수 없었다. 이미 교육을 통해 '생활'과 '생각' 속에 스며든 서양식의 습관이 그런대로 사회 속에 스며 있음에도 불구하고 동서양의 정서와 감각이 공연예술 속에 육화되기에는 너무나 많은 문제가 있다. 여전히 그 뿌리는 서양의 버터 냄새가 물씬 풍기면서도 아직 '내 얘기도 남의 얘기도 아닌' 어설픈 공연이 난무한 채, '우리 모두의 얘기'를 하기에 요원한 느낌을 주고 있었다.

그 와중에 나는 진심으로 '우리 모두의', '지금의 얘기'를 하는 연극 한 편을 보고 감동했다. 극단 '모시는 사람들'이 다시 공연한 〈오아시스 세탁소의 습격사건〉은 함께 웃고, 함께 울 수 있는 오늘의 우리 이야기를 즐겁고 아름답게, 그런가 하면 그로테스크할 만큼 적나라하게 풀어냈다. 가히 오늘날 우리 삶을 되돌아보게 하는 힘과 유머가 있다. 작가 김정숙, 연출 권오성, 강대국을 비롯한 18명의 배우는 분칠하지 않은, 힘 있는 연극을 만들어내고 있다.

2015. 4.

♪

⟨위플래쉬⟩와 ⟨코카서스 백묵원⟩

 지난 주말 나는 하루에 한 편의 영화와 한 편의 실험 창극을 보며 문화로 넘치는 하루를 보냈다. 고등학교 3학년 손녀딸이 영화 ⟨위플래쉬⟩를 꼭 봐야 한다는 것이다. 특히 할머니는 재즈를 좋아하니 음향과 스크린이 훌륭한 공간에서 그 영화를 보아야 한다며, 코엑스몰에 있는 영화관을 예약해 온 식구가 그곳으로 출동했다. 나는 영화를 보고 나서 근래에 드물게 가장 감동적인, 그러면서도 한 명의 뛰어난 예술가를 만드는 데 과연 '위플래쉬'(Whiplash; 채찍질을 의미하는 영어 단어)는 올바른 것인가 하는 여운을 안고 왔다.

세계는 여러 이유로 점점 어린이들이 줄어드는 상황이다. 어린이 교육은 너무나 자유분방하게 교육을 하며 창의성을 가장 중요한 가치로 길러진 청년층을 배출하고 있다. 그들은 그 어느 때보다도 치열한 취업난에 몰려 암울한 미래를 걱정하는 것이 지금의 현실이다.

이 영화는 최고의 드러머를 꿈꾸는 앤드류가 우연한 기회에 최고의 실력자인 플레쳐를 만난다. 그러나 그는 폭언과 학대를 일삼으며 좌절을 안겨주는 플레쳐의 지독한 교육방식 속에서 자신의 최고 경지를 경험한다. 두 배우의 연기는 어디에서도 찾아볼 수 없는 진실 그 자체다. 설명이 필요 없다.

경연 대회에 임하는 재즈 악단의 한 사람 한 사람의 진지함과 초조함, 가장 높은 경지에서 우러나는 자유로움에 도달하기 위해 피나는 열중과 절제가 긴박한 상황 속에 묻어난다. 두 거인은 우리에게 자기를 뛰어넘는 한 인간의 경지를 보여주고 있다. 감독 데미언 샤젤(Damien Chazelle)은 설명이 필요 없는 마지막 장면의 앤드류의 쾌거로 관객을 압도한다. 돈을 쏟아붓고, 스토리의 타래를 엮으며 관객을 이리저리 끌고 다니지 않으면서도 이렇게 감동을 선사하는 영화는 드물다. "가장 경제적인 것이 가장 아름답다"라는 말이 딱 어울리는 영화다.

반면 아주 어렵사리 마련한 국립극장의 창극 〈코카서스 백묵원〉은 창극의 현대화 작업이 이렇게 어려운 것이구나 하는 사실을 다시 한번 깨닫게 하는 무대였다. 국립창극단은 70년대 허규 연출가 때부터 여러 연출가와 실험 작업을 거쳐 오늘에 이르고 있다. 김성녀 예술감독을 맞이해 박차를 가하며 외국의 작품도 창극으로 올릴 수 있겠다는 당찬 실험을 진행하는 중이다. 이번 공연은 전석이 매진돼 성공적이라는 평가를 받는다.

현대 연극을 이해하는 데 있어 독일의 연극이론가이며 극작가인 브레히트는 간과할 수 없는 작가다.

브레히트의 이 작품의 구성은 시대다. 사회를 바라보는 날카로운 비판 정신으로 오늘날의 젊은이들에게도 많은 공감을 불러일으킨다. 특히 정의신 대본 연출, 이태섭 무대, 김성국 작창, 작곡의 무대는 이 작품이 품고 있는 폭과 깊이를 공간 구성으로 대변한다. 김성국의 음악으로, 복잡한 구성의 연극이 창속에 녹아들며 관객에 다가가 지루하지 않게 전개된 것이 큰 성공의 비결이다. 그럼에도 불구하고 '창'(唱)으로 스토리를 풀어가는 데에는 원작이 가진 깊이와 아이러니를 드러내 보이는 데 한계를 보여 아쉬움을 남기고 있다. 현대화된 창극의 발전은 쉽지 않음을 다시 한 번 생각해본다.

2015. 6.

♪

공예가 맛있다

 1991년 처음으로 몽골을 방문한 나는 뜻있는 여행을 했다. 몽골국립극장 60주년 회갑연을 맞아 몽골 정부가 주최한 '국제공연예술축제'에 초대받아 두려움 반, 기대 반으로 울란바토르에 도착했다. 마침 11월 말에서 12월 초의 시기라 몽골의 온 천지는 눈으로 덮여 있었다. 구소련의 공산 지배하에서 벗어나 독자성을 확립하고 서방 세계와 교류를 시도하는 초기의 시기였다.

 당시 몽골인들의 척박한 생활과 순진함, 그 속에 담겨있는 문화의 깊이를 느끼며 나는 색다른 경험을 할 수 있었다. 특히 한민족의 음식과 입맛에 대한 변화 현상을 유추해

보며, 특히 우리나라 오늘날의 음식문화의 눈부신 발전상을 보고 다음과 같은 생각을 해본다.

국제적으로 유명한 몽골의 전통문화학자의 집으로 초대되어 소박한 만두를 대접받았다. 헤어져 나오는 길에 사양을 하여도 굳이 사탕을 주머니에 넣어주며 정을 베푸는 모습에서 나는 우리 할머니들 시대를 연상했다. 6·25가 끝나고도 한참 동안 단 것을 많이 즐겼던 우리의 지난날을 돌아보았다.

아마도 70년대 초·중반까지 달디단 서양식 케이크가 큰 인기를 누렸다. 70년대, 80년대에는 고기를 즐기기 시작했고, 돈에 쪼들리던 시기라 내장탕, 설렁탕 등 국물이 많은 고기를 즐겼다. 90년대 이후에야 사람들은 영양 상태를 좌우하는 음식의 종류와 비타민의 역할에 대해 눈뜨기 시작했다. 2000년대 넘어 오늘날 100세 시대를 맞아 TV 채널들은 앞다투어 음식문화에 대한 프로그램을 구성하고 있다.

여기에 걸맞게 발전하고 있는 것은 식기류 문화와 새로운 형태의 자연식이다. "사람의 입과 눈의 높이를 올려놓으면 내릴 수가 없다"라는 옛말이 문화의 발전과 그 토대를 만들어가고 있는 것이다.

이러한 문화현상을 반영하듯, 옛 서울역 건물의 문화역사박물관은 '공예가 맛있다'라는 타이틀을 걸고 한국 음식

문화와 관련된 모든 분야의 그릇들과 상차림에 관련된 공예전을 열었다. 한국의 공예문화가 대중과 만나는 즐거운 자리다.

이번 공예 전시회는 그 구성과 종류에 있어 다양함을 총망라했다. 그뿐만 아니라 작가들의 수준 높은 작품들과 각 지방의 특색 있는 공예품을 소개했다. 2층 한쪽에 자리잡은 젊은 세대들도 공예에 관련된 대중과 만나 자신을 돌아보며 창작의 방향을 음미하는 좋은 자리였다.

이 전시회를 기획한 서정화 씨는 본인과 더불어 공예 분야의 모든 식구를 아우르며 우리나라의 생활 수준과 문화 수준을 높이는 데 큰 몫을 했다. 전시장 중앙에 커피 코너와 전통차 코너를 마련해 대중과 소통하고 차 맛을 음미할 수 있는 여유를 베풀었다. 그는 이번 전시회에서 '다정함'과 '여유'를 맛보게 해주었다. 매년 한 번씩 공예 전시회를 열어주면 큰 발전을 대중이 함께 누릴 것이라고 확신한다.

2016. 4.

♪

연극인의 과감한 도전

70년의 역사를 지니며 공연예술 국제화의 마당을 마련한 한국 ITI는 54회 '연극의 날' 행사와 35회 '영희연극상' 시상식을 거행했다.

영희연극상은 이경성 젊은 연출가가 수상했고, ITI 특별상은 배우·연출가인 주호성이 수상했다. 일인극 주호성의 〈빨간 피터〉는 공교롭게도 중국에서 중국어로 태어나 좀처럼 쉽지 않게 연극의 보폭을 중국까지 넓힌 경우다. 그는 1969년 기독교방송 전속 성우로 출발해 70년대에 좋은 배우로 성장했다. 그런 그가 1987년 11회 대한민국연극제와 1988년 백상대상 연극 부문에서 최우수 남자 연기상을 수상하고는 홀연히 중국으로 사라졌다.

중국에서 탤런트로 급부상하는 따님 장나라의 뒷바라지에 전념하기 위해서라는 소문과 함께 좋은 배우가 자취를 감춘 것이다. 다행히도 연극계가 잃어버릴 뻔했던 주호성은 〈빨간 피터〉를 대동하고 배우로, 연출가로, 각본 개편가로 15~6년 만에 화려하게 귀향했다.

〈빨간 피터〉의 탄생에는 3가지 특징이 있다. ① 원작 카프카의 〈어느 학술원에 드리는 보고서〉가 한국 배우의 '중국어 연극'으로 탄생했다는 점이다. ② 고마움을 담은 마음으로 중국 관객에게 다가가고자 한 장나라 아버지의 마음이 담겼다. ③ 타국에 가서도 배우의 근성과 열정을 잃지 않은 채 중국어의 뉘앙스를 터득한 배우 주호성은 무대와 객석이 어떻게 소통하는가를 폭넓게 익힌 흔적이 역력하다.

70년대 한국 문단과 한국 연극계에 돌풍을 몰고 온 카프카의 '출구 없는 삶에 대한 고뇌와 좌절'은 당시 우리 사회의 암담함과 맞닿아 있었다. 당시 추송웅의 〈빨간 피터의 고백〉(1977)은 대한민국을 뜨겁게 달구며 연극계의 돌풍을 몰고 왔다.

자유롭고 행복했던 원숭이가 밀렵꾼에게 갑자기 잡혀와 철장 속에 갇힌 채 피터의 호칭을 받으며 인간 사회에 적응하는 과정에서 겪는 과정을 그렸다. 원숭이 피터는 결국 원숭이도 사람도 아닌 정체성 없는 존재로 몰락하고 만다. 인간 사회의 비정함과 부조리, 몰인정함과 뒤틀림에 익숙해지며 '적응의 여로' 속에서 잃어가는 본성을 카프카는 폭로하고 싶었던 것이다.

주호성의 〈빨간 피터〉는 70년대와는 많이 달라진 오늘의 사회에 걸맞게 유머와 한국적 골개를 유연하게 엮어간다. 간간이 던져주는 바나나 세례는 객석과의 소통을 자연스럽고 편안하게 풀어가는 기지를 발휘하고 있다. 카프카의 원본을 연상하며 중국에서 공연한 대본을 기반으로 김태수 작가가 각색한 대본을 다시 주호성이 아주 편안하고 자연스럽게 개편했다. 또한, 우리 연극의 보폭을 넓혔을 뿐 아니라 유연함까지 맛보게 해준 무대였다.

스피드와 스케일, 스펙터클을 지향하며 빠르게 변화하는 시대에 적응하며 변신해야만 개인이나 예술이 살아남을 수 있는 시대적 현상은 비록 오늘만의 일은 아니다. 이러한 개인과 예술가들의 혼신의 힘을 기울인 창조와 변신의 결과는 사회의 역동성을 낳으며 세계를 아름다움으로 채울 것이다.

2016. 6.

♪

새롭게 빛나는 별

    오늘날 우리 사회는 너무나 다양하고 풍요롭다. 먹을거리는 물론이고 볼거리, 들을거리 등등 풍요로움이 지나쳐 정신을 가다듬기가 어려울 정도다. 그럼에도 삶의 방향을 가르쳐 줄만큼 진실하게 다가오는, 감동을 가슴에 꽂아주는 대상을 만나기가 어렵다. 혹, 나의 무뎌짐 때문일까, 아니면 지나친 요구 때문일까. 자책하며 그냥 세월을 보낼 수밖에 없는 시간은 나 개인의 슬럼프 때문만은 아닌 듯 싶다.

    반생을 바치며 사랑하고, 아끼고, 독려하던 연극계를 보아도 답답하기만 하다. 몰라보리만큼 훌쩍 자란 무용계의 발전을 보며 많이도 따라다녀 보았지만 내가 지향하는 새로운 형태의 공연예술을 만나기는 참으로 어렵다. 미래를 지향하는 공연예술이 춤과 연극, 소리와 형상을 아우르는 그 어떤 융합의 새로운 형태를 못 찾은 것은 작금의 모든 공연물에서 만족하지 못한 나의 오만함 때문은 아닐까, 반성하고 또 반성한다. 그러는 가운데 가끔 새로운 인재들이 나를 매료시키고 감동시킬 때 참으로 행복해진다.

지난 5월 13일과 14일 이화여자대학교 삼성홀에서 공연한 조기숙 예술감독이 이끄는 뉴발레단의 공연 〈그녀가 운다 - 여신 무산신녀〉를 보고 나는 모처럼 즐거운 시간을 가졌다. 융합과 창조가 새롭게 이루어진 새로운 지형을 마련하느라 모든 창작인이 고민하고 방황하는 이 시대에, 무엇을 버리고 무엇을 만나야 할까, 한없는 고뇌 속에 빠져 있는 시기에 발레와 동양 신화의 여신 무산신녀를 결합해 관객을 매료시킨 데에는 창작인 조기숙의 호방함과 자신감이 그 원천이 되었으리라.

인간이 끝없이 갈구하며, 여한 없이 사랑하고, 미련 없이 버릴 줄 알아야 자유로워질 수 있는 운우지정(雲雨之情)의 주인공 무산신녀. 뜨겁게 사랑하고 미련 없이 떠나간 주인공, 그 자유로움은 여신만이 누릴 수 있는 것이다.

"아침에는 산봉우리의 구름이 되어 머물다가 저녁이면

산기슭에 비가 되어 내리는데 그게 바로 저랍니다."

초나라 회왕을 유혹하고 하룻밤의 사랑을 맺은 후 사라진 그녀가 남긴 말이다. 이 작품은 스토리가 있기보다 마음 그 자체가 주인공이다.

그리하여 춤의 전개로 ① 동양의 정서와 서양의 발레가 창작으로 태어났다. ② 이 뜻을 감싸준 음악과 영상이 동양적인 운율과 서양적인 멜로디로 감싸며 ③ 영상은 무산의 구름과 안개, 신녀들의 춤으로 관객을 감싸 안으며 공간 확장을 통해 자연스럽게 관객이 춤 속에 빠지게 한다. ④ 그리하여 관객은 모두 신녀가 된 듯 황홀한 춤 속에서 행복을 느낀다.

예술감독 조기숙, 크리에이티브 디렉터·대본 정재서, 연출 염현승, 비디오 작가 권승요의 조화로운 작업이 모든 춤꾼과 관객을 시간과 공간을 초월한 무산(巫山)으로 그리고 신화의 세계로 인도했다.

2016. 10.

♪

〈길 떠나는 가족〉과 〈로베르토 쥬코〉

1960년 독일 유학이 실현되었을 때였다. 나는 엉뚱하게도 동·서양의 문화를 비교할 수 있는 길이, 불교의 탱화와 기독교의 성화를 비교하는 공부를 하면 두 대륙의 문화발전의 근원을 알 수 있는 지름길이라는 생각이 들었다. 그때의 호기심은 실현되지 않았지만, 아직도 그 기억이 살아 있어 나는 기회가 될 때마다 두 대륙의 문화발전의 근원에 대한 궁금증을 나름대로 떠올려본다.

이번에 본 두 연극 공연은 우연히도 나의 해묵은 호기심을 다시 자극했다. 불후의 명작을 남긴 이중섭 화가와 희대의 살인마(35명 살인) 로베르토 쥬코를 비교한다는 것은 언어도단으로 보인다. 하지만 이 두 작품은 쓰인 연도가 1991년과 1988년으로 비슷하며 두 주인공들은 소금으로 몸을 씻을 만큼 순수했으며 그것을 지키기에는 너무나 가혹한 세상의 희생자가 되었다는 것이다.

이중섭 탄생 100주년 및 故김의경 선생을 추모하기 위해 홍익대 대학로 아트센터 대극장에서 올린 〈길 떠나는 가족〉을 보고 나는 참 오랜만에 아름다운 연극 한 편을 보았다고 생각했다. 새로 지은 극장 공간이 아쉽게도 너무 퍼져 있어 소리와 그림을 응집하는 데는 미흡했다. 그러나 김경수의 사선과 곡선으로 처리된 길 위에서 일어나는 공간분배와 이영란의 섬세하고도 여유로운 무대미술, 윤현중, 전상민, 김시율의 음악, 특히 이중섭으로 분한 윤장섭의 열연을 폭 싸안으며 그 내면의 비장함과 절박함을 표현하는 데 폭과 깊이를 더해주었다.

국립극단 김윤철 예술감독이 한불수교 100주년을 기해 무대에 올린 〈로베르토 쥬코〉는 베케트 이후 가장 많이 회자되는 극작가 베르나르 마리 콜테스의 마지막 작품으로 한국에서는 초연이다. 해체되었던 국립극단 배우들을 새로 뽑아 무대 작업을 한 지 얼마 안 되어 아마도 프랑스와 스위스 두 연출가와의 작업도 만만치는 않았을 것이다. 하지만 연출들이 집요하게 끌어낸 배우들의 역량이 무대 위에 절실하고도 명확하게 인간의 진실성과 가식의 교차점을 표현하는데 손색이 없었다. 즉 연출과 배우와의 협업이 훌륭했음을 증명하고 있었다.

특히 8개의 문 위로 도망자인 살인자 쥬코의 공간을 마련해 무대를 세로로 3등분하고 극을 진행한 시간과 공간의 활용은 관객에게 끊임없는 상상력의 공간을 열어주고 있었다. 그뿐만 아니라 긴장과 이완의 끈을 틀어잡고 있어 팽팽한 고무줄 위의 곡예를 보는 것 같은 긴장감을 자아내고 있다.

이중섭을 다룬 〈길 떠나는 가족〉의 극 진행이 투박한 밧줄의 너울거리는 유머와 여유의 곡선이었다면 〈로베르토 쥬코〉는 팽팽한 바이올린의 현이 끊어질까 조바심 나게 하는 진행법의 무대가 되어 동·서양의 대조를 겨누어보게 했다고나 할까! 나는 두 연극을 보며 다시 한번 옛날의 동서양의 문화를 비교하는 습성을 일깨워보았다.

2017. 4.

♪

대학로에 핀 봄꽃 〈유도 소년〉

유난히도 어수선했던 올겨울, 한국 사회는 지금까지 겪지 못했던 사회 분규로 이어졌다. 그 여파는 대통령 탄핵과 구속으로 이어지면서 다시 대통령선거를 앞두고 있다.

암담한 겨울 우리가 처한 현실의 삶에 황당해하고 있을 때 대학로에 핀 '어린 한 송이 봄꽃'을 보았다. 그동안 문화계에 종사하며 열과 성을 다한 나의 삶이 헛되지 않았음을 확인하고 감사하게도 자존감을 되찾을 수 있었다. 이렇게 나에게 힘과 희망을 되찾아준 연극은 젊은이들이 모여 서로를 격려하고 존중하며 만든 〈유도 소년〉이다.

공연배달 서비스 '간다(簡多)'라는 공연단체와 '창작하는 공간', 홍보마케팅 '스토리피'가 협력해 2014년과 2016년에 이어 세 번째 무대에 올리는 작품으로 누적 관객 수 14,000명, 객석 점유율 104%를 기록한 승승장구 중인 창작연극이다.

박경찬 작, 이재준 연출. 더블 캐스팅으로 2팀의 배우들이 엮어가는 무대 위에는 한 유도 소년이 메달 획득을 통해 대학 진학을 목표로 하는 성장하는 과정이 펼쳐진다. 주인공 경찬 이를 둘러싼 한 체육선수의 풋사랑 이야기와 연적과의 갈등을 통해 진짜 사나이가 되어가는 과정을 실감 나게 그려내고 있다.

무대 위에 등장하는 총 6명의 젊은 배우들이 그려내는 치열하나 순수한 삶의 고뇌는 너무나 사실적으로 다가와 "내가 끝났다고 하기 전까진 끝난 게 아니랑께" 하는 치열한 자아 중심의 힘과 열정을 느꼈다. 젊은 세대들의 오기와 자존감을 보는 것 같아 대견하고 흐뭇했다.

내게 다시 희망을 심어준 이유를 굳이 꼽으라면 첫째, 젊은 연극인이 한데 모여 서로를 격려하고 사랑하며 최선을 향해 어려운 과정을 극복하고 있는 점이다. 또 사랑의 현장을 선사하고 있어 행복 바이러스를 객석과 함께 향유하고 있다.

둘째, 때묻고 척박한 대한민국의 문화 마당 한구석에서도 이들은 여전히 힘과 열정을 품고 한 편의 연극 속에 꿈을 불사르며 행복해하고 있다.

셋째, 여느 기존의 기성 집단에서 보는 1인 체제나, 2인 체제에 이끌려가는 창작 체제가 아니고, 아직 타성에 젖지 않은 작가, 연출, 배우들, 스태프들의 순수함이 객석과의 합일체를 선물하고 있었다. 한 마디로 '성숙한 귀여움'이라고나 할까?

넷째, 그들은 어른을 흉내 내고 있지 않았다. 오히려 어른 사회의 가식과 군더더기를 냉철하게 바라보며 닮지 않으려는 자존심과 순수함을 느낄 수 있게 해주었다. 앞으로 이러한 젊은 세대가 우리 사회를 이끌어 나간다면 그동안 쌓인 누더기는 언젠가 벗겨지며 밝고 따뜻한 사회가 되리라.

2017. 11.

♪

〈윤이상, 상처 입은 용〉

철학이 있고 의식이 있는 한국의 지성인이면 '상처 입은 용' 윤이상과 같은 사람이 되기 알맞은 정치, 사회 환경에서 살아왔고 또한 살아가고 있다. 일제강점기를 살아온 우리 아버지 세대가 그러했고, 남·북으로 분단된 시대의 어른들이 그러했다. 그러한 사회적 함정은 오늘에 이르러서 더욱 절묘하게 인간을 옥죄고 있다.

연극 〈윤이상, 상처 입은 용〉은 윤이상문화재단, 경기도문화의전당, 한국문화예술위원회가 공동 주최하고, 경기도립극단이 주관해 대학로예술극장 대극장에 올려졌다. 윤이상 탄생 100주년을 기념하기 위해 제작된 연극이다.

공교롭게도 세계적인 한국의 대음악가 윤이상이 입은 상처는 같은 해에 태어나 목숨 걸고 한국 국민의 가난을 해결함으로써 민주주의가 가능한 사회를 이끌어낸 박정희 대통령과 연관되어 있다.

아직도 미완으로 남은 '동백림 사건'은 바로 같은 해에 태어난 두 인물이 빚어낸 정치적, 사회적 갈등과 숙제의 한 모습이다. 더 나아가 분단된 남북한의 정치환경의 풀어지지 않는 숙제이기도 하다. 서양 현대음악계에서 독보적인 자리를 차지하고 있는 음악인 윤이상이 한 지성인으로서 남북으로 대치된 정치 현실에서 어떻게 살았는지에 대한 삶의 태도는 이 연극에서는 깊이 다루지 않았다.

이 작품은 윤이상이 어떠한 음악을 추구하고 어떠한 인간적 삶을 살아왔는지에 초점을 맞춰 풀어감으로써, 편안하고 아름다운 연극 한 편을 선사하고 있다. 같은 시절 독일에서 윤이상과 함께 가까운 사이로 유학 생활을 한 우리 부부에게 그의 북한 왕래의 수수께끼는 여전히 풀리지 않은 채로 있다.

굴곡진 윤이상의 시대를 살아보지 않은 젊은 작가 이오진과 연출가 이대웅은 윤이상이 어떤 음악과 어떤 관계로 만나고 있는지 주로 어린 시절과 청년 시절의 고뇌에 초점을 맞춰 풀어갔다.

    오늘을 사는 관객에게 좋은 연극 한 편을 선물해주었다. 음악을 '축'으로 삼으며, '남과 북'의 정치 시소게임 속을 넘나든 윤이상의 예술가다운 삶을 무대 위에 그려낸 연극은 질풍노도의 '드라마' 한 편을 본 느낌이다.

2017. 12.

♪

마고 폰테인의 마지막 무대와 〈카르멘〉

 세상은 참으로 많이 변하고 있다. 나는 복된 시간을 경험하며 감사한 마음으로 인생을 버티며 살아가는 듯하다. 발레리나 마고 폰테인의 마지막 무대는 지금도 잊을 수 없다. 그 공연의 제목과 날짜는 잊었어도 인체가 전하는 그 정교함과 섬세함, 그 아름다움을 잊은 적이 없다.

 카르멘의 비극, 천상과 지상을 넘나들며 사람의 품격을 높여준 그 공연을 보고 난 후에 나는 마치 새로 태어난 아름다운 천사가 된 듯 한참을 '완전한 행복감'에 젖어 있었다. 그 전후로 경험한 몇 번의 행복의 기억이 아마 나의 사람 됨됨이를 높여 주었다고 기억한다. 이러한 순간의 행복

때문에 아마도 나는 나이를 더해가도 공연예술의 주변을 떠나지 못하고 배회하며 살아가고 있나 보다.

지난 11월 9일~12일 LG아트센터 무대 위에 올려진 〈카르멘〉 공연은 클래식 발레의 섬세함과 달리 모던 발레의 정수를 선사했다. 우리 식으로 표현하자면 열정이 넘쳐 주체하기 어려운 여인 '카르멘'과 순진하고 외골수의 '호세'의 이야기다. 온갖 유혹의 복잡다단한 사회 속에서 그들 사이에 엮어지는 사랑의 말로는 그야말로 명리학의 표현을 빌리자면 '팔자소관'으로 밖에 정리될 수 없는 비극의 극치라고 할 수 있다.

이번 〈카르멘〉 내한공연의 예술감독 카를로스 마르티네즈는 스페인 출신으로 파리의 발레 무대를 정복하는 한편, 안무가로의 여정을 차곡차곡 쌓아온 스페인 국립무용단의 예술감독이다. 또 서유럽 무대를 이끄는 호세 카를로스 마르티네즈와 스웨덴 출신의 안무가 예술감독 요한 잉거는 네덜란드 발레 무대를 이끌어 가고 있다. 이 두 거장이 새로운 시각으로 모던 발레를 해석한 〈카르멘〉은 섬세함과 정교함을 뛰어넘어 현대사회의 열정과 대담함을 스토리텔링에 녹여 무대를 펼쳐 나갔다.

그러한 예술감독의 뜻에 맞춰 무대 설정과 전환, 조명의 색조감은 명암의 정서를 넘나들며 관객의 마음을 사로잡았다. 아마도 클래식 발레를 기대하고 온 관객은 실망을 감추지 못했겠지만, 의상의 강렬한 색조와 단조로움이 오히려 운명을 넘어설 수 없는 인간의 한계를 극명하게 표현해준다.

그러면서도 성과 나이를 알 수 없는 호세가 무대 위의 스토리를 이끌어 나가고 있다. 인물 설정은, 외겹으로 끝나기 쉬운 열정과 비운을 통해 두 주인공과 관객과의 삼각관계 시선을 설정해줌으로써 비평의 시각을 열어놓고 있다. 현대적이고도 리드미컬한 모던 발레의 압권을 보여준 유럽 무대의 변신을 보며 나는 세상이 그동안 많이도 변하고 있음을 실감했다.

2018. 3.

♪

별은 빛나고

〈메소포타미아〉

제목부터가 나의 호기심을 자극한다. 우리가 줄달음질을 쳐도 쫓아갈 수 없을 만큼 그 모습을 바꾸고 있는 세상은 이번 전시회에서도 우리를 놀라게 하고 있다.

〈메소포타미아〉란 제목을 들었을 때, 내게 즉각 떠오르는 영상은 몇 년 전 아이에스(IS) 군대가 충격적이게도 그 아름다운 유물을 인정사정없이 때려 부수는 광경이었다.

이러한 메소포타미아를 어떻게 조각으로 형상화하겠다는 것일까? 무척 궁금했다. 그러나 정작 추운 겨울날 신현중 교수 정년 기념 조각 전시회가 오픈된 서울대학교 미술관은 메소포타미아 시절에 대한 향수가 가득 찬, 옛날과 오늘을 생각나게 했다. 전시 공간은 저 아프리카 이집트에서부터 한국의 백사실까지, 시대는 식물기 아메바 시대부터 산양과 우제류 시대를 거쳐, 청정수에서만 사는 물고기와 도롱뇽에 이르기까지다.

시원하게 드넓고, 탁 트인 미술관 공간은 온통 고대에서 오늘에 이르기까지 작가 신현중의 스토리텔링으로 멋지게 채워졌다. 건물 전체가 마치 하나의 조각 작품으로 완성되었음을 전시회를 다 돌아보고야 뒤늦게 깨닫게 되는 것이다. 미술관 앞 넓은 마당에 버티고 있는 도롱뇽 두 마리와 장식장 속에 있는 메소포타미아의 귀한 골동품들, 작가가 국민학교 4학년 때 그렸다는 정교한 도르래 습작품을 담은 스케치들이 있다.

고등학교 때 자유를 외치며 길 위로 뛰쳐나갔던 '선언문', 공중전화 박스에 쌓아놓은 청소년 시절부터 오늘에 이르는 카드와 편지들, 그리고 일기들. 이 모든 것들 속에 스며 있는 작가 정신의 발현은 우리가 통념으로 생각해온 조각의 세계가 아니었다. 작가 신현중은 옛날과 지금이 맞닿아 있는 '현재의 우리의 특수성과 보편성'을 찾기에 심혈을 기울이고 있다.

이리하여 조각은 정물의 세계에서 설치의 개념으로 넓혀지고 있으며 설치는 다시 공간의 개념을 포용함으로써 장르의 지평과 한계를 뛰어넘고 있다. 이번 전시회는 조각의 범주와 장르의 지평에 대한 개념을 우주와 시원으로 확장하며 뻗어가고 있었다. 신현중 작가는 이번 전시회에서 장르 파괴의 창시자로서 옛날 〈메소포타미아〉의 향수를 그리면서도 오늘을 아우르는 화려한 '샛별'로 빛나고 있었다.

2018. 7.

♪

토마스 오스터마이어의 〈리처드 3세〉

 세월이 흐르고 세상이 바뀌어도 절대로 바뀌지 않는 몇 가지가 있다. 그중에서도 권력에 대한 인간의 욕망과 투지는 동서고금을 막론하고 그 쟁취의 방법이 치열하고 졸렬하다. 염치로는 그 척도를 헤아릴 수 없을 만큼 극도로 교활하고 잔인하다.

 사극, 특히 텔레비전 드라마에서 흔히 다루는 조선시대 궁궐 속에서 일어나는 권력 다툼의 양상을 보며 나는 우리나라 사람들만이 권력 쟁취를 향해 치졸하고 극악하다고 믿었던 때가 있었다. 그러나 80년대 초반 영국 전역을 여행하는 시기에 나는 두 가지 사실을 발견했다.

첫째는 영국 각 지역의 서로 다른 멋진 문양과 깃발, 둘째는 그 멋진 깃발 뒤에 숨은 권력 쟁취를 위한 끝없는 투쟁과 계략이다. 피비린내 나는 투쟁 끝에 얻어진 경험으로 오늘의 영국이 많은 면에서 선진국으로 앞서가는 자유민주주의 세계의 초석을 깔았다고 생각하게 되었다.

셰익스피어가 그려낸 비극, 특히 피비린내 나는 권력투쟁을 그려낸 〈헨리 6세〉에 이어 탄생한 〈리처드 3세〉를 보자. 주인공은 꼽추라는 신체적 불구의 조건을 타고난 인물이다. 그가 얼마나 교활하고 야비하게 주변의 정적을 제거하며 권력에 대한 욕망을 키워가고 쟁취하는지를 그리고 있다.

또한, 그 여정 속에서 한치의 양심도 못 느끼는 냉혈한의 계략이 얼마나 치밀하고 가혹한지를 잘 보여준다. 연출가 오스터마이어(Thomas Ostermeier)는 꼽추이면서 인간성이 결여된 인물을 배우 라르스 아이딩거(Lars Eidinger)를 통해 여유 있게 그려내고 있다.

우리 속담에는 '병신 고운 데가 없다'라는 말이 있다. 외모의 불구는 그 약점이 겉으로 드러나 있지만, 실은 보이지 않는 내면에 불구를 품고 사람다움을 잃은 포악한 사람들이 늘어나고 있음도 현실이다.

어찌 되었건 권력을 지향하며 한 치의 양보도 없는 욕망을 구사해 나가는 주인공은 야비하고 잔인하다. 연출은 '무대는 삶의 현상을 확대경을 통해 보여주는 곳'이라는 사실을 보여주는 듯 주인공의 욕망의 궤적을 잘 따라가게 해준다.

또한, 간간이 주인공과 관객과의 대화를 유도함으로써 온 극장 안을 무대화하는 데도 성공하고 있다. 달리 표현하면 관객도 연극의 일부임을 자연스럽게 성공시키고 있다는 말이 된다.

아마도 연극을 올릴 때 배우들과 함께 논의하면서 풀어가고자 하는 목표 설정과 실천 과정이 그를 독일 굴지의 무대 '샤우뷔네'(Theater Schaubuene)의 주도적 연출가일 뿐 아니라 더 나아가 독일 연극의 미래를 이끌고 갈 인물로 자리매김하게 했을 것이다. 이번 LG아트센터가 초청해 온 공연장을 꽉 채웠을 뿐 아니라 한국의 연극 학도들에게 학습의 장을 마련하는 데도 큰 성과를 이루었다고 본다.

2019. 5.

♪

꿈을 좇아 제작자가 된 사나이

  씨앗을 땅에 심어 뿌리를 내리고 싹을 틔워 키우듯이 사람은 태어나 일생을 두고 각자 꿈을 찾아 자신의 생애를 꽃피워 나간다. 때로는 그 꿈은 민들레처럼 땅에 뿌리를 깊이 내리며 씨앗으로 종의 모체가 되어 세상에 태어났음을 증명한다. 긴 세월 동안 깊이 뿌리내리며 큰 나무로 자라 우람한 그늘을 선사하는 한 지역의 명물이 되어 몇백 년을 버티는 예도 있다.

  굳이 어느 것이 더 값지다고 비교할 필요는 없으리라. 생명을 다해 삶에 충실하였음에 그 가치는 그것으로 족하다고 인정해줌이 마땅하리라. 인생도 이와 같아 풀과 같이 연약

한 모습으로 생을 마감하는 사람도 있는가 하면 끈질긴 생명력으로 끊임없이 자신의 꿈을 좇아 우람한 나무가 되어 한 시대를 멋지게 이끌어 나가는 예도 있다.

그래서 우리는 한 생명체로서의 인간이 어떠한 조건에 태어나 어떠한 꿈을 좇아 한평생을 살아왔는지 살펴볼 필요가 있다. 왜냐하면, 겉으로 보기에는 다 비슷한 것 같은데 삶을 마감하는 단계에서 보면 너무나 다양한 것을 볼 수 있기 때문이다. '한 인간이 어느 만한 꿈을 좇아 얼마만큼 그 꿈을 버리지 않고 끈질기게 실현에 옮기는가'를 지켜보는 일은 세상을 즐겁게도, 오히려 안타깝게도 한다.

꿈을 좇아 점점 더 크게 자라 연극계와 뮤지컬계의 큰 나무로 우뚝 선 제작자 박명성이 신시컴퍼니 30주년 기념행사와 더불어 〈드림 프로듀서〉란 책을 냈다. 제작자로서의 박명성이 그동안의 업적을 정리한 책 출판기념회에 참석해 그와 함께하며 한바탕 멋진 잔치를 벌이고 행복한 시간을 보냈다.

책은 1부 '돈키호테의 꿈', 2부 '뮤지컬 환희의 세계', 3부 '다시 연극으로', 4부 '프로듀서란 무엇인가', 5부 '결국 사람이다', 6부 '완성된 프로듀서는 없다', 그리고 에필로그, 추천의 글로 구성되어 있다.

2019년 3월 20일 플라자호텔 별관 그랜드볼룸에서 치러진 출판기념회 자리에는 신시컴퍼니 30주년을 위해 초연된 뮤지컬 배우들을 초대했다. 〈마틸다〉에 출연한 어린 뮤지컬 배우들을 위시해 그동안 뮤지컬과 연극에 등장했던 배우들과 성우들이 공연예술계 선후배들 300명을 행복하게 해준 아름다운 자리였다. 여러 가지로 힘들고 어려운 시기에 행복하고 멋진 화해와 꿈을 다시 생각해보는 긍정의 시간이었다.

3
내가 가면 그게 길이지

2014. 6.

♪

사람은 무엇으로 신나는가?

　며칠 전 나는 박사학위를 준비하는 배우 한 분을 만났다. 그는 내가 번역 출간한 〈연극과 사회〉를 빌려보고 싶다고 청해왔다. 내가 그 책을 번역했던 1980년대의 우리나라는 정치적으로 삼엄한 시기였다. 나는 현대 연극의 아버지로 알려진 독일의 브레히트를 우리 연극계가 제대로 알아야 앞으로 다가올 한국 연극계도 준비가 될 듯 싶었다. 그런 시기에 브레히트가 영향을 받고 그가 스승으로 모신 에르빈 피스카토르(Ervin Piscator)를 번역하고 현암사에서 출간했었다.

　출간된 지 오래되어 딱 한 권만이 내 책장에 꽂혀 있는

책이다. 원래 제목은 〈연극과 정치〉였는데 당시의 정황을 고려하여 '정치'를 '사회'로 바꾸었다. 책을 전하기 위해 어렵사리 만난 그는 50대를 갓 넘긴 중견 배우로 멋진 외모와 체구였다. 현장을 지키는 사람들이 왜 꼭 박사를 해야 하는지, 미술계나 음악계나 공연예술계에 넘쳐나는 박사들을 보며 나는 우리 사회의 이론으로의 쏠림 현상이 어떤 결과를 낳을 것인지 늘 궁금하고 염려스러운 터였다.

"배우가 멋진 연기를 하면 박사학위보다 더 값질 텐데 왜 힘든 박사가 되려고 하지요?"

공부해서 남 주는 것은 아니지만 자칫 이론과 학술에 치우치다 보면 순발력과 즉흥성, 순수한 감성 표현의 활력이 다져지기보다는 늘어질까 염려되어 던진 질문이었다.

"선생님, 무얼 해도 신나지 않아요. 나를 어떻게 해야 열광시키고 신나게 할지 모르겠어요. 아무리 공부를 해도 남의 다리 긁고 사는 것 같아요."

우리 연극계엔 서양의 연극이론과 서양 연극 발전사가 만연하고 있지만, 그것을 우리 얘기로 우리 식으로 풀어가려고 애써보지 않는 한 한국 연극계의 인재들이 '신명 나는' 작업을 하기란 어려운 상황이다. 우리 식의 길 찾기를 연극계에서 이어온 사람은 오태석, 손진책 등이었으나 그것도 맥이

끊겼다.

"이윤추구와 전천후 공연예술의 도전으로는 우리 길 찾기가 불가능합니다. 딱히 제가 어디에 어떻게 서야 할지 모르겠고 학위라도 해두면 앞으로 생계에도 도움이 되지 않을까 해서요. 그런데 어제 세월호로 세상을 떠난 이들의 '넋전 춤'을 보고 가슴이 뭉클, 저런 것이 우리 공연에도 있었나 하며 새삼 감동했습니다. 무엇인가 제 마음을 울렸어요."

오랫동안 연극이란 서양 연극만이 제값을 지닌 진짜 원형이라고 믿으며 온 세계에 전파되었고, 그 가운데 한국에도 유입됐다. 거의 반백 년을 씨름하고 있으면서도 공연예술계에서는 이제야 겨우 자신에게 맞는 연극과 춤, 음악 등 자신의 모습에 진정으로 관심을 가지기 시작했다. 그러나 그 길은 아무도 가보지 않은 길, 뜻이 있고 먼저 깨달은 사람만이 헤쳐 나아갈 것이다.

신지식 산업사회로 진입하고 있는 사회구조 속에서 새로운 길은 미로 찾기에 그치기 십상이다. 하지만 비록 무모한 도전이라 하더라도 그 길을 찾지 않으면 한국 공연예술계는 끊임없는 '남의 다리 긁기'로 허탈감을 면치 못하리라 생각한다. 예술 하는 사람들의 자기성찰을 통한 인생관, 민족관, 역사관, 세계관이 없는 '속 빈 강정'의 행위는 언제쯤 끝이 날 것인지! 언젠가는 공연예술계를 이끌어 갈 젊은 예술인들이 도전정신으로 새로운 길을 찾아내기를 희망한다.

2021. 1.

♪

뇌본 사회의 가치체계는?

며칠 전 우연히 EBS '명사 초청 특별강연'에서 김광웅 선생의 강연을 들으며 나의 미래를 보는 시각에 대입해 정리해 보기로 한다. 강연 내용의 가장 큰 줄기는 직립형 인간이 발전해온 과정을 보면 지본(地本) 사회에서 자본(資本) 사회를 거쳐 뇌본(腦本) 사회로 진입하고 있다는 것이다.

다른 형태로 표현하면 농경 사회에서 산업 사회로 다시 산업사회는 또 한 번의 지각변동을 초래해 첨단 산업 사회로 진입하고 있다 하겠다. 사회의 바탕에 깔린 가치관의 형성은 그 사회가 지향하는 사회의 구성체계를 바꾸며 인간 사회의 사는 모습을 바꾼다고 생각한다.

사회를 보는 나의 시각은 이렇다. 체력을 바탕으로 농사와 수렵을 생업으로 삼던 '힘의 시대'에서 지식을 바탕으로 하는 '지식의 시대'로 진화했다. 그리고 논리와 사고의 힘으로 세상을 지배하던 시대는 지나갔다. 이제는 논리와 사고를 허용할 수 없는 속도와 스케일로 '직관과 통합의 시대'에 우리는 살고 있다고 나는 정의한다.

기독교와 서양문화가 지식과 논리로 우리를 지배하고 그 힘으로 산업을 일으켜 세계를 점령하고 군림하던 시대, 소위 서양이 세계를 식민 지배하던 힘을 자랑하던 시대를 나는 가히 '파충류의 시대'로 정의한다.

자본과 지식을 무기로 세상을 무자비하게 밟고 군림하던 시대는 피와 눈물이 있었던 것처럼 보이지만 그것은 피와 눈물을 가장한 녹즙 액으로 보아 마땅하다. 그 후유증을 우리는 유린당한 오늘의 아프리카와 아시아에서 본다.

이제는 지식과 자본으로 세상을 통치하기에는 너무나 많은 여건이 달라지고 있다. 스티브 잡스의 서거를 안타까워하며 변화하는 세상의 중심에 선 현 세대는 20세기 무지하고 몽매한 집단이 아니다. '소통과 나눔'을 외치며 사회 전반에 걸친 비리와 은닉된 악의 진원지를 찾아 타도하고 다 함께 책임지자고 외친다.

통치와 지배를 받으려 하는 대신 스스로 판단하고 스스로 가치 기준을 세우며 스스로 개척하고 실천하고자 한다. 자신의 판단과 행위를 가치 척도의 기준으로 삼고자 하는 것이다. 나는 이러한 시대의 인간 사회를 '곤충의 시대'로 진입한 '직관과 촉각'의 시대로 정의한다. 쏟아지는 정보 속에서 국경과 기존 사회 체계의 질서로는 감당할 수 없는 여러 형태의 경계의 무너짐은 남녀노소의 생태학적 위계질서마저 무너뜨리고 있다.

청소년들의 따돌림의 형태를 볼 때 나는 이 '곤충의 시대'에 피와 눈물은 과연 어떠한 가치의 기준을 끌어낼 것인지 가히 궁금하고 답답하다. 하지만 계몽주의적 관점에서 볼 때, 인간이 분명 발전하고 있다고 본다. 유아독존적 '인본사상'이 아니라 자연과 동식물과 같은 차원에서 '더불어' 살자고 외치는 녹색 성장의 시대에 돌입하고 있기 때문이다.

2015. 10.

♪

인간에게 문화란 무엇인가?

 참 아름다운 계절이다. 무더위가 가고 천고마비의 드높은 하늬바람에 따라 자태를 바꾸는 구름, 숲을 바라보며 아름다움과 허망함을 함께 보는 것은 나이 탓만은 아닐 것이다. 작년 지방 공연차 오랜만에 부산에 가서 특히 해운대의 달라진 모습을 보고 너무나 놀라웠다. 올해는 송도와 인천의 달라진 모습에 다시 한번 놀랐다. 6·25 피난 시절 초량에 터를 잡고 산기슭에 앉아서 공부하며, 피란 오신 외할아버지댁을 가느라 넘나들던 영도 다리를 회상했다.

 오늘날 국제적 위상을 갖춘 부산을 보는 내 마음은 참으로 격세지감을 누를 수 없었다. 송도와 인천의 국제적 외향을 갖추고 있는 모습을 보며 나는 한국의 겉과 속이 감당할 수 없을 만큼 빠른 속도로 변하고 있음을 실감한다.

스케일, 소재, 스타일로 세상을 바꾸어놓은 건축과 설계는 우리가 따라갈 수 없을 만큼 저만치 앞서가 있다. 시공간의 제약에 묶여 있는 우리 공연예술인들은 오직 상상으로만 몸과 마음의 한계를 넘어볼 뿐이다.

모든 예술 장르가 그 나름의 규범과 제한 속에서 최선을 다할 뿐이다. 하지만 우리 사회가 70년 동안 일구어온 외형에서 우리는 스스로 놀라지 않을 수 없었다. 외국인의 조언과 자체의 힘을 보태 이루었던 오늘의 우리 사회는 놀라울 만큼 저만치 앞서가고 있다. 다행히도 우리가 세상을 보는 눈도 이념으로 가려졌던 시대를 지나 세계 어디든 향할 수 있다. 그러한 환경 속에서 무한 경주를 경험하고 있다.

특히 네모난 TV 상자를 통해 온 세상의 다양함과 기괴함까지 전해오는 오늘날이다. 우리는 참으로 그 어느 때보다 풍요롭게 다양성을 수용하며 살아가고 있다. 그 어느 때보다 열린 시각으로 세상을 보고 받아들이는 훈련을 쌓아가고 있다. 성리학을 바탕에 두고 유교의 테두리 속에서 다져진 한국인의 폐쇄적인 감각과 시각을 이제 서서히 세상을 향해 열어가고 있다.

분단의 제약 속에 한계는 있지만 다양한 세상에서 있는 그대로 볼 수 있는 훈련을 쌓아가는 중이다. 더구나 메르스로 인해 억제되었던 축제와 행사는 마당을 활짝 열고 있다. 외국인의 공연도, 한국인의 공연도 마음만 있으면 언제 어디서나 가볼 수 있는 작금의 환경은 참으로 축복받은 현실이다.

유명 디자이너의 의상 전시회를 관람하고, 저녁 먹고, 8시에 드디어 대학로 소극장에서 연극공연 〈와바스코〉를 본 다음 맥주 한 잔. 한국의 문화생활은 다양하고 활발해졌다.

문화가 우리의 눈과 귀를 열어주고 나면 드디어 우리 안에 소리 없이 기다리고 있는 참된 의욕과 참된 '자아'의 실현을 창작을 통해 꽃피울 때가 다가오리라. 나는 언제나 이렇게 우리 마음의 크기와 깊이가 달라지리라는 대책 없는 낙관주의자로 남으리라.

2019. 11.

♪

세상도 매미처럼 허물 벗기를 한다

　나는 옛날처럼 한여름 우렁찬 매미 소리를 듣고 마냥 즐겁지만은 않다. 매미가 힘차게 울어 젖히는 한여름을 즐기기 위해 땅속에서 7년에서 17년까지의 긴 세월을 굼벵이로 견뎌내야만 그 짧은 한여름의 노래를 즐길 수 있다는 사실을 알고부터다.

　매미는 짧은 환희의 순간에 짝을 만나 삶을 만끽하기 위해 땅속에서 허물 벗기를 거듭하며 그렇게 긴 세월을 기다린다. 그들의 삶을 돌이켜 보며 한여름 매미의 합창이 얼마나 귀한 소리인가, 세상에 태어났음을 외치는 삶의 환희인가를 새삼 깨닫고 그 고귀한 소리에 깊이 감사함을 느낀다.

세상의 변화를 보며 우리의 세상도 우리가 모르는 사이에 땅 속 어두움 같은 긴 역사의 터널을 뚫고 햇볕 비치는 밝은 세월을 만나기도 한다. 요즈음처럼 한없이 혼란스러운 시간을 겪으며, 인간의 삶도 땅속에서 인고의 세월을 보내야 하는 매미와 다를 바 없는 운명임을 깨닫는다.

나는 한동안 인간의 삶의 형태도 매미의 허물 벗기 운명의 그것과 다르지 않음을 깨닫지 못한 채 어찌 30대는 40대 선배를 몰라주고, 40대에는 50대를 모르는 체하며 60대 선배 대접을 못 하는지 이해하지 못했다. 그저 젊은 세대들의 예의 없음에 섭섭함을 토로한 적이 있다. 하지만 나는 요즈음 두세 살이 채 안 되어도 게임기를 가지고 놀아야 직성이 풀리고, 20대 손녀 손자에게 컴퓨터와 인터넷 사용법을 물어가며 사는 시대에 살고 있다. 예전에는 그들 세대의 정서와 호기심과 요구가 너무나 달라졌다는 사실을 인정하지 못했다.

요즈음은 20대 정서와 30대 정서가 다를 만큼 세상이 달라졌다. 그뿐만 아니라 공연예술계의 공연장 정서와 공연 기법의 변화를 보며 세상이 너무나 급격하게 변하고 있음을 느끼고 있다. 이즈음에 젊은 작가와 젊은 연출가를 발굴하는 작업은 우리 공연예술계의 '허물 벗기'에 매우 적합한 준

비라는 생각을 하게 된다.

최근 세종문화회관 S 씨어터를 새로 짓고, 젊은 공연예술인들을 키우는 시리즈로 〈아몬드〉라는 젊은 소설가의 작품이 40대 연출가 민새롬의 지휘로 올려졌다. 출연진 또한 주로 젊은 연기자들로 꾸며졌다. 무대는 김수지를 비롯해 모두 20대 후반과 30대 초반의 젊은 연기자들이었다. 아버지 역만 빼고는 모두 새록새록한 젊은 배우들임에도 그리 부족함이 없는 무대였다.

특히 넓지 않은 공간은 번거로움을 덜어주었을 뿐 아니라 시간과의 역학관계에서도 세련되게 엮어간 것은 크게 박수를 보내고 싶은 점이다. 아쉬운 점이 있다면 감정을 느끼지 못하는 결함을 지니고 태어난 주인공 윤재가 세상에 홀로 서게 된 환경 속에서 어떻게 세상을 헤쳐 나가게 되는지의 여정이다.

소설의 연극화 작업에서 감정을 느끼지 못하는 주인공의 어려움이 확실히 전달되지 못했다. 그런 아쉬운 점에도 젊은 연극인들의 무대는 내게 한여름 매미의 열열한 삶을 향한 열정과 절규를 감지하게 하는 외침의 소리로 듣기에는 충분한 무대였다. 젊은 세대들의 허물 벗기 시도에 큰 박수를 보낸다.

2013. 9.

♪

어느 특별하고 멋진 음악 혼례식

　며칠 전 나는 오랜만에 내가 아끼고 존경하는 후배 연극인을 만났다. 그를 한 반 년 만에 보는데 무척 야위어 있었다. 웬일이냐고 물었더니 우울증인 듯하다 말했다. 그가 하는 말이 자기는 시도 때도 없이 화가 치밀어 오르고 그걸 감당하기가 어렵다고 했다. 그 말을 들으면서 몇 년 전 나도 세상 돌아가는 '꼴'을 보면서 화가 치밀어 어떻게 해야 하나 무척 참기 힘들어 그 해결책을 찾느라 애를 썼던 기억이 떠올랐다.

　그러던 중 어느 틈엔가 나는 세상이 점점 마음대로 제 궤도를 돌고 있다는 생각에 미쳤다. 내가 화를 내든 말든 간에 세상은 제 갈 길을 가고 있는데 내가 공연히 앞당겨 보고 싶거나, 틀어보려고 애쓰고 있다는 생각에 이르렀다. 그 이후로는 내가 아무리 화를 내도 세상은 세상대로, 나는 나대로 제 궤도를 돌아가는 세상을 구경하듯 떨어져서 바라볼 수 있게 되었다. 세상은 나름대로 성숙한 길을 걷는 면과 미쳐 날뛰는 면이 섞여서 돌아가고 있음을 감지하게 되었다.

드디어 마음이 편안해지기 시작했다. 이러는 가운데 얼마 전 아름다운 결혼식을 보고 새삼 세상이 성숙해지고 있음을 느꼈다. 온 세상이 간결하고 작은 결혼식을 하자고 떠든 지가 얼마 안 되었다. 어느 회사 사장이 따님 결혼식을 축의금도 안 받는 작은 결혼식을 했다고 신문마다 대서특필한 게 엊그제였다. 그동안 우리 사회 중산층은 몇억짜리 식장에, 몇억짜리 혼수에 서민들이 생각하기엔 현실과 동떨어진 결혼식을 하고 있었다.

그러나 한 번 자리잡고 돌아가는 수레바퀴는 멈추기 어려운 법인지 유행이 되어 있었다. 그런 세상 속에서 첼리스트 장은영과 성악가 베이스 김종국 두 음악가의 '연주'를 곁들인 '결혼식 공연'은 참석한 모든 사람에게 충격과 즐거움을 안겨주었다. 초청장엔 '김종국&장은영 듀오 콘서트', 제목은 'So in Love'라고 적혀있었고, 장소는 2013년 8월 12

일 오후 8시 예술의전당 IBK체임버홀이었다. 주최는 'JUST ART', 주관은 '지 클레프'(G·clef), 영락없는 음악회다. '음악회로 결혼한다는 것'이다.

피아노 황보경, 그림 김영자(신부 어머니 화가), 극본 문우진, 성우 임미진, 이장우, 영상 및 사진 고남회, 프로그램도 두 사람 신랑, 신부의 기량을 한껏 뽐내면서도 관객과 호흡을 함께 하고 소통할 수 있는 친숙하면서도 아름다운 곡들의 연속이다.

자크 오펜바흐의 〈자클린의 눈물〉을 첼로 독주할 때 더욱 빛나면서도 김종국의 베이스 기타로 들려주는 콜 포터의 〈밤과 낮〉, 〈So in Love〉가 관객의 마음을 훈훈하게 한다.

음악회가 융합 공연으로 완성되었고, 마지막은 후배 성악가들이 누구나 아는 경쾌하고 정다운 곡으로 무대를 마무리해주었다. 축하금은 오만 원짜리 공연 티켓을 구매하는 것으로 부담스럽지 않았다. 주인공은 책임과 의무를 다하는 신랑, 신부 그 친구들의 몫이었다. 즐거운 결혼식을 보고 우리 사회가 성숙하고 있음을 느끼며 행복했다.

2013. 8.

♪

창녕 성씨 고택이 주는 교훈

 내게는 마음속에 풀리지 않는 '문화 수수께끼'가 몇 가지 있는데 그중 하나는 가야 문화에 대한 억측이다. 1983년 북유럽 여행을 하던 당시, 노르웨이의 오슬로국립박물관에 전시된 '스키타이 문화'를 보고 의문이 되살아났다. 동독에서 도서관 협회와 합동으로 열린 세계연극학회를 마치고 노르웨이의 국부(國父)적 극작가 입센 심포지엄을 마친 후 남는 시간 동안 가진 스칸디나비아 여행은 황금 같은 시간이었다. 그리하여 나는 아주 여유로운 마음으로 '스키타이 전시'를 돌아보았다.

 '수탉', '산양' 등 금으로 만든 조각품이 뿜어내는 '힘과 정제된 열정'은 아직도 내 마음 속에 양식으로 남아 있다. 이 작품들은 출토된 지역만을 제시했을 뿐, 그 상을 만들어낸 작가는 알 수 없는 채 수백 년을 묻혀 있었다. 세월의 늪에 묻혀 있는 금, 철제 조각과 동상은 아직도 내게 신비로움의 근원을 궁금하게 만든다. 바로 이러한 궁금증이 우리나라에서 철갑옷을 만든 최초의 문화권으로 언급만 될 뿐, 그 문화의 뿌리가 홀연히 사라진 채 고요히 묻혀 있는 것이다. 아직도 가야 문화에 대한 궁금증은 남아있고, 스키타이 문화는 나의 궁금증을 자극했다.

이번에 나는 영원무역 대표이사인 성기학 동문의 초대로 1박 2일의 매우 뜻있는 여행을 하게 되었다. 일행은 선농 미디어포럼 주돈식 전 문화부 장관 등 28명이었다. 이곳 가야 문화의 근원지라고 할 수 있는 창녕에 와서 그동안 품었던 가야 문화에 대한 의구심을 조금이나마 풀 수 있었다. 그 한 자락의 실타래는 창녕 석리 성(成) 씨 고택에 서려 있는 넉넉함과 여유로움, 그리고 그 실용성에서 찾아볼 수 있었다. 성씨 고택은 성찬경 선생의 양파 재배로 일으킨 그 근본이 온 마을과 주변에 아직도 뿌리내린 채 안정과 부유함을 누리고 있음을 볼 수 있었다.

근엄하고 위엄 있는 고관 주택이라기보다 넉넉하고 소박

한, 그러나 당당한 '아저씨네 집'이 우리를 맞아주는 것 같았다. 적당한 높이의 대문을 들어서면 바로 연못가 언덕에 200년을 버틴 매실나무와 세월을 버티고도 청춘을 잃지 않고 있는 멋들어진 소나무 몇 그루가 온 집안의 품격과 여유로움을 풍기고 있다. 6·25 때 대부분 소실된 고택은 제대로 남아 있는 건물 일부는 당시 중앙난방을 지켜낸 벽돌로 쌓은 굴뚝뿐이란다. 신기하게도 그 굴뚝은 어제오늘 만든 것처럼 싱싱하고 멋스럽게 고택의 과거를 현재 속에 살려내고 있다.

별당, 사랑채, 안채, 영주집, 아석헌, 석운재, 청수당, 본가, 경근당 등 35채를 가능한 한 고증에 맞게 재건했다. 또 '체험장'으로 활용이 가능하도록 샤워장, 세면장, 화장실 등은 현대식으로 지었다. 뒤뜰에 옹기종기 모여 있는 작약을 보며 나는 왜 모란을 심지 않으셨냐고 물었더니, 그 답이 내게 많은 것을 시사해주었다. 몇 십 년 전부터 성씨네는 제일 좋은 작약을 서울시장에 납품하는 집이었다. 무엇이 돈이 되는지를 아는 가문이었다. 할아버지는 양파 재배를, 다음 대는 작약을, 그 속에서 자란 성 회장은 섬유와 의류를, 돈과 실용의 문화를 DNA 속에 익힌 가야의 후손 성씨 집안의 융성함이 한국의 경제와 문화의 한 부분을 앞으로도 계속 지탱하고 있으리라 믿는다.

2013. 11.

♪

예술가는 문화의 심지가 되어야

 10월이라 푸르른 하늘 아래 축제도 많고 행사도 많다. 마냥 풍족하고 넘치는 가을걷이 행사 중에서도 어수선한 우리 사회의 마음에 심지를 꽂아주는 두 가지 행사가 마음에 와 닿았다. 그 하나는 88세 미수를 기리시는 백성희 선생의 축하잔치였다. 한국 연극계의 명실공히 '어머니의 자리'를 지키며 올봄까지도 〈3월의 눈〉이란 작품에 주연을 맡아 출연하셨다. 백수를 바라보며 살게 된 한국 사회에 '사람은 모름지기 어떻게 살아야 하는가?'를 보여주고 계신 분이다.

 꽃분홍 치마에 수놓은 흰 저고리를 입으신 선생님은 허리 하나 굽지 않은 채 그렇게도 꼿꼿하셨다. 연극계라는 가

시밭 속에서 줄곧 한 길을 걸어오기란 그리 쉬운 일이 아니다. 무엇보다도 국립극단의 단장을 두 번 연임하시며, 극단 배우 식구들을 어떻게 이끌어가야 하는지, 국립극단을 어떻게 지켜야 하는지를 고민하신 평생 작업이 '백성희장민호극장'이란 이름의 국립극장을 탄생시킨 것이었다. 하지만 국립극장이 재단법인화하는 세파를 막을 힘은 역부족이셨다.

그런데도 이 모든 세파와 풍파 속에서도 미수의 나이에 여전히 무대를 지키신 분이시다. 많은 연극인과 더불어 문화계에 꼿꼿이, 당당하게 촛불을 밝히는 심지로서 살아가는 태도와 그 정신은 어떠해야 하는지를 말없이 실천하고 계신 여장부이시다. 배우로서, 어머니로서, 선배로서, 어른으로서 손색이 없게 노년을 지키시는 그 모습에서 우리는 우리의 삶에 촛불 밝히는 심지가 바로 이러한 예술가의 정신과 혼에서 찾아짐을 알 수 있다.

또 다른 예술가의 모습은 피아니스트 신명진이다. 귀국 후 세 번째 피아노 리사이틀 '피아노포르테의 추억'이란 제목하에 연주된 베토벤 피아노소나타 연주회에서 감명과 기쁨을 받았다. 그는 예원학교 때부터 재능을 발휘하며 줄리어드 음대에서 학사를, 매리스 음대에서 장학생으로 석사학위를 받고, 역시 장학생으로 예일대학교 음악대학에서 최고 연주자 과정을 마쳤다. 예일대와 줄리어드에서 반주 강사와 비전공 학생 피아노 지도를 맡아 가르치기도 했다. 해외 여러 이름 있는 콩쿠르에서 좋은 성적으로 입상을 거듭하며 카네기홀에서도 연주한 보기 드문 재원이다.

이렇게 단계를 확실하게 밟으며 자신의 예술세계를 성숙시켜 온 피아니스트 신명진은 한국에 돌아와 그리 평탄한 시간을 보내지 못했다. 오늘날의 여느 젊은이들처럼 시간당 3만 원 받으며 학생을 지도하고, 순수음악을 마다하는 오늘날의 예술 풍조에 적응하며 거칠고 혼란한 삶 속에서 순수 피아니스트로 예술가의 정신과 혼을 어떻게 지키며 살아가야 할까 많은 고민을 했을 것이다.

그의 리사이틀은 세상과 타협하지 않고 자신을 지키며 음악의 고귀함을 지켜 온 그의 당당하고 정확하고, 정직함 속에서 얻어진 자유로움과 환희의 경지를 우리에게 심어 주었다. 그는 우리에게 문화의 심지를 불태우는 예술가임을 증명해 보였다. 오랜만에 아름다운 연주와 더불어 예술가의 정신과 그 격이 어떠해야 하는지를 음미하게 하는 밤이었다.

2021. 6.

♪

내가 가면 그게 길이지

1972년 유진규는 방태수가 이끄는 실험극장 '에저또'에서 연극과 마임을 만났다. 팬터마임은 오로지 몸짓과 상징으로 인간의 내면과 사회의 내재한 문제를 표출하고, 심지어는 사상에 이르는 큰 테두리의 시대의 문제를 표현해주는 예술이다.

언어와 무대의 여러 구체적인 제시와 상징을 동원해 작가가 전달하고자 하는 연극이란 장르를 통해 삶의 불가사의함을 풀어가는 데에는 한계가 있다. 그러나 오로지 몸짓과 표정, 절규와 희망, 희망과 환희는 어떤 몸짓 언어를 통해야 할까. 또 팬터마임 배우는 얼마나 노력해야 내면의 희로애

락을 표출해 전달할 수 있을까? 또 얼마나 몰입해야 관객과 만나 인간과 사회, 시대와 시대정신을 무대 위에서 주제로 끌어낼 수 있겠는가 싶다.

이러한 인간의 욕구를 풀어내어 관객과 만나는 데 우선하는 예술가들은 성급한 대로 전위예술이란 장르를 화려하게 펼쳐 보였다. 몸의 언어로 고도의 예술적 경지에 도달하기 이전에 우선 사회적, 정치적 이슈를 제시하기 바쁘며, 그 열망을 주체할 수 없어 하나의 경지와 완성된 표현의 틀을 만들기는 한계가 있을 것이다. 반면 선동과 이슈를 만들기에는 충분할지도 모른다.

마이머 유진규는 한국 전위예술가의 독보적 위치에 있는 무세중 선생을 스승으로 모시며 교감했다. 무세중의 세계에서 유진규 마이미스트가 존중한 것은 무세중의 전통이었다. 특히 우리 민족 예술혼이 뿌리박고 있는 무속의 불가사의한 흡인력과 민중성의 로고스가 아닌 파토스와 부조리를 뛰어넘는 열정의 뿌리를 감지했다는 점이다.

이러한 유진규의 관심은 자연 전통의 형식 속에서 제의의 형식과 맞닿고 있다. 이제 그는 형식 속에서 신만을 바라보던 인도의 제의가 신의 존재를 부정하는 사회의 변화 속에서 신을 모시며 신과 대화하는 제사 중심의 제의를 보여주고 있다. 시장 바닥의 대중과 함께하면서 하나의 대중 축제가 된 인도의 마임 축제를 보며 유진규 마이미스트는 축제의 조직 구축을 시도했다. 그가 춘천에 터를 잡고 뿌리내리기로 한 결심에 춘천마임축제는 단순한 마이미스트의 공연이 아닌 축제의 장으로 변신한다.

마임예술가 유진규, 그는 춘천에 마임 학교를 운영하며, 마임에 입문 몰입하는 예술가와 후진 마이미스트를 양성한다. 그렇게 춘천시를 마임의 메카로 세계 속에 우뚝 세웠다.

더 나아가 여전히 혼자 움직이는 마임예술가이면서도 많은 축제 종사자인 후배와 제자, 더 나아가 국악계와 연극계의 많은 동료와의 교류를 돈독히 하고 있다. 이제 그는 마임예술가의 고독과 힘듦으로 인한 병마를 이겨내고 축제와 고독한 마임예술을 연결했다. 불모지였던 한국 마임예술을 축제 속에 일으켜 세운 보람과 결실에 큰 박수를 보내는 바이다.

2021. 3.

♪

세상도 세월을 쌓으며 나이테를 만든다

　세상도 세월을 쌓으며 굵거나 얇은 나이테를 형성하며 사회 속에 변화의 흔적을 만들어 가는 모양이다. 손안에 온 천하를 쥐게 만든 핸드폰 시대, 모바일은 세상을 하나로 엮어버렸다. 세상에서 일어나는 모든 변화와 시장의 영역마저도 핸드폰으로 해결하게 하는 시대가 되었다.

　졸지에 세상이 이렇게 변하다 보니 지구촌의 모든 소식은 손안에서 듣게 되었다. 세상에 새로운 나이테가 삽시간에 형성되고 있다.

　송인호라는 사진작가가 있다. 그는 사진작가이면서 편집인·대표를 맡아, 2019년 5월 〈굿 스테이지〉라는 모바일 잡지를 만들었다. 〈굿 스테이지〉는 새롭게 조명받을 만한 인재와 무대, 생동하는 인물과 대담자가 되기도 하며 작업의 현황을 대담이나, 공연 상황, 작가, 연출가 등을 취재한다. 더 나아가 기존의 장르에서 새롭게 파생되는 새싹 형태의 예술 현상을 소개한다.

그는 집콕하며 암담한 현실에 망연자실하거나 창작 의지나 관람 의지를 접은 예술가나 관객에게 신선한 충격을 주고 있다. 우선 이 잡지의 생동감은 예술인이 예술가를 대담하므로 해서 예술가들이 스스로 문제 삼고 있는 핵심에 대한 질문으로 대담의 생동감을 더욱 독자에게 다가오게 하고 있다.

예를 들어 연극 분야에서 근 40여 년을 극단 '모시는 사람들' 대표이자 극작가로 살아온 김정숙을 조명한 일은 한국 공연예술계에 시사하는 바가 크다. 이 잡지는 피아노 연주, 춤, 무용, 타악, 전통 등 기존의 모든 분야에서 두각을 나타내는 훌륭한 인재들을 더욱 돋보이게 해주고 있다. 또한, 새롭게 등장하는 젊은 세대를 함께 소개함으로써 한국 공연예술계의 생동하는 모습을 자연스럽게 비춰주고 있다.

미술과 음악이 만나 새로운 장르를 만들어내는 〈힐링 콘서트〉는 모험적인 아이디어로 꼽을 수 있다. 작곡가 유은선의 음악과 화가 신수진의 그림이 만나서 어우러진 작품은 또 한편의 새로운 장르의 출발로 보아도 손색이 없을 듯하다. 두 분야의 조화로 독자에게 부담을 주지 않으면서도 새로운 또 하나의 예술 현상을 엿보이게 함으로써 잡지의 생명력을 불어넣고 있다. 좋은 착상의 결실이라고 박수를 보내는 바이다.

그 외에도 창립 2주년인 2021년 1월 기념호에 소개된 예술가들은 축하 음악과 더불어 서형민 피아니스트의 인터뷰, 편집장 송인호가 인터뷰한 바리톤 최병학의 음악, 도전하는 무용가 조혜령, 해금 연주에 도전하는 정다슬 등 젊은 세대의 예술가들뿐만 아니라 한국 공연예술계의 큰 버팀목인 이영조 작곡가, 임동창 음악가, 끊임없는 도전정신의 국악 평론가이며 연출가인 윤중강과 유은선의 '은중유담'이 돋보인다.

분기별 국악계 총평 등 이 잡지에 실린 각 분야 공연예술계의 얘기는 얘기로 끝나지 않고 울림을 주는 여운으로 다가온다. 독자의 마음 속에 풍요로움과 호기심을 불러일으키며 낡거나 무겁지 않으면서도 경박하거나 가볍지 않게 독자의 마음을 건드려주고 가는 훈풍과도 같다.

2017. 10.

♪

문화는 성숙하는가, 진화하는가?

올여름은 유난히도 무더운 날씨 가운데서도 연극계에서는 역사와 경륜을 돌아보게 하는 공연이 이어졌다. 실험극장 179회 공연 〈천덕구 씨가 사는 법〉. 극단 '신협' 창단 70주년 기념 공연 〈하믈레트〉.

그중에서도 가장 돋보이는 연극 행사는 '원로 연극제'로 한국문화예술위원회가 주관해오던 행사를 올해부터는 한국연극협회가 주관하고 한국문화예술위원회가 후원하는 형식으로 바뀌어 치러졌다.

원로배우 오현경을 기리는 〈봄날〉은 그 어느 〈봄날〉보다 연출, 연기 면에서 돋보였다.

무엇보다도 관객 동원 면에서 성공을 거둔 무대였다. 특히 원로배우 오현경을 잘 받쳐준 큰아들 역 이대연을 비롯한 젊은 배우들이 순발력 있는 놀이극 형식의 연출 의도를 잘 읽어내어 함께 어우른 무대였다.

다음으로 이어진 무대는 〈유리동물원〉. 극단 '뿌리'를 창단(1976), 연출가로서 연극계의 자리를 지키며 꾸준히 후배들의 형님이 되어준 김도훈을 기리는 무대였다. 퓰리처상을 2번이나 수상한 세계 연극계의 거장 테네시 윌리엄스의 작품으로 최종원과 차유경이 품위와 무게 있는 연기로 선보였다.

세 번째 무대는 아르코예술극장 대극장에 올려진, 희곡작가 노경식을 기리기 위한 〈반민특위〉다. 비록 오래전에 쓰인 작품임에도 대극장에 거대하게 올려진 이 작품은 권병길, 정상철, 이인철, 김종구 등 선후배 29명이 웅장하게 무대를 채웠다. 혼란스러운 한국의 정치사회상을 잘 구현하고 있었다.

텔레비전 방송 작품을 연상케 하는 무대 위의 빠른 장면 전환과 배역의 분산 출연이 연극의 품격에 손해를 입혔다면 김성노 연출의 책임으로 돌아가겠지만, 이는 희곡 구성에도 책임이 있음을 묻지 않을 수 없다. 어찌 되었든 이 연극이 여전히 늙지 않고 무대 위에 세월을 넘어 생동감을 주고 있었다.

　마지막으로 '늘푸른연극제'를 장식하며 명배우로 이름을 날린 이호재를 기리기 위한 작품 〈언덕을 넘어서 가자〉는 제작 협력 극단 컬티즌의 도움을 받아서인지 매번 매진 상태로 어느 작품 때보다 그 기획력이 돋보였다.

　본인도 못 보고 비껴간 연극이지만 기회가 오면 반드시 보겠다는 마음으로 아쉬움을 달래보았다. 이번 늘푸른연극제를 주최·주관하며 열심히 뛰어다닌 정대경 한국연극협회 회장의 진심과 정성 어린 태도를 보며 문화는 세월과 함께 '진화와 성숙'을 함께 가져오고 있음을 확인하였다.

2009. 12.

♪

외눈박이 물고기가 보는 반쪽의 세상

 우리는 참으로 좋은 시대를 사는 듯하다. 오랫동안 동·서로 분단되어 갈등과 반목으로 점철된 '철의 장막', '죽의 장막'의 시대를 거쳐 이제 화해와 융합의 시대를 살게 되고 보니, 세상이 이렇게 넓고 다양할 수가 없다. 독일 베를린 장벽이 무너진 지 20년을 기념하는 것을 보면서 그동안 한국민으로서 얼마나 '외눈박이' 생활을 오래 해왔는지 새삼스럽게 느껴졌다.

 1986년 로마에서 열리는 세계연극평론가협회 총회에 한국 대표로 참석하기 위해 모처럼 문교부에서 비행기 티켓을 받아 들고 나는 참으로 훌륭한 총회를 치르고 돌아오겠다는 다짐으로 비행기를 탔다. 아니 그런데, 그 비행기가 아침 6시 모스크바 공항에 들러 주유를 한다는 것이다. 한 시간가량 시간이 있으니 비행기에서 내려 공항 슈퍼마켓이라도 다녀오라는 이야기다.

나는 어찌나 놀라고 겁이 났는지, '아니, 내가 어쩌다 모스크바 공항에 들렀지.' 하고 생각했지만 그 순간 나는 그 비행기 티켓이 내가 산 것이 아니라 문교부가 준 공인된 티켓이라는 사실을 깨닫고 안도의 한숨을 내쉬었다. 내 잘못은 아니니까! 그 당시 놀란 감정은 지금도 나를 실소하게 만든다. 그 덕분에 나는 공항에 잠시 들렀다가 그곳에 비치된 일본 잡지를 집어 들고 들어왔는데, 비행기 안에서 너무나 놀라운 사실을 발견하였다.

그 잡지 속에는 일본인들이 연구하고 발견한 러시아 해안지방의 어종과 그 생태에 관한 상세한 보고가 있었다. 순간 나는 가슴이 내려앉았다. 아니 우리는 '외눈박이'인 줄 모르는 채 얼마나 세상을 한쪽 눈으로만 보고 살아왔던가! 참으로 겁이 나고 안타까웠다. 우리가 못 보고 사는 지구의 한쪽에 우리의 뿌리가 매우 깊게 박혀 있을 거라는 각성에서이다.

그 후 90년대에 들어와서야, 그것도 90년대 중반에 들어와서야 우리는 공산권인 중국, 몽골 등과 국교를 맺고 또 다른 한쪽의 세계를 발견하기 시작했다. 우리 연극계에서는 한국 ITI가 주동이 된 '베세토연극제'를 통해 한·중·일의 문화가 얼마나 다르고, 같은가를 공부하는 좋은 기회를 나누게 되었다.

베세토연극제가 이렇게 큰 구실을 했다면 올해 처음으로 카자흐스탄 연극이 초대된 '실크로드 연극제'가 서울에서 개최되었다. 6개 민족이 각기 다른 언어로 연극을 올린다는 카자흐스탄의 연극은 우리를 감동시켰다. 실크로드 연극제의 일환으로 초대된 그들의 작품은 본인이 2000년 이집트 연극제에서 본 우즈베키스탄의 연극보다 세월이 지나긴 했지만, 훨씬 더 세련되고 그 예술적 완성도가 높았다.

특히 카자흐스탄 국립아카데미야 극장이 상연한 〈뽀에마 - 사랑에 관한 서사시〉는 감각에 호소하는 예술 시대이자 숨가쁘게 빠른 템포에 경박하기 십상인 이 시대에 감성에 호소할 줄 아는 아름다움과 차분함까지 선사했다. 특히 무대, 의상, 조명은 내면의 연기를 통일성 있게 받쳐주어 실크로드의 문명을 새삼 높이 평가하는 좋은 기회가 마련된 셈이다.

2009. 11.

♪

새로운 세상으로 우리를 안내한 천재들

　세상은 무서운 속도로 달라지고 있는데 일상 속의 사람들은 늘 그대로다. 세상에는 군더더기가 붙은 넝마 같은 예술작품들이 우리들의 일상을 억누르고 있다. 통념과 제도가 테두리 쳐놓은 올가미 속에서 사람들은 허우적거리며 헛발질만 하고 있다. 그래도 세상은 굴러가고 있다. 지구가 궤도를 벗어나지 못하고 제 길을 갈 수밖에 없듯이.

　그런데도 세상은 달라지게 마련이다.

　세상을 바꾸는 존재는 바로 천재들이다. 캐나다의 〈노먼(Norman, a tribute to Norman Mclaren)〉은 2009 서울 국제공연예술 초청작품으로 대학로예술극장에서 10월

26, 27일 양일간 관객과 만났다. 나는 바로 새로운 세상으로 우리를 안내한 천재들의 작품을 보고 나도 모르는 행복과 희열을 느꼈다.

일반의 범인들 속에 있는 천재성을 일깨워 낸다면 누구나 잠재적인 천재성을 발견할 수 있을 것이다. 일상의 궤적 속에서 잠자고 있는 만인의 천재성을 일깨우는 일은 그리 쉬운 일이 아니기 때문이다.

에디슨은 전기를 통해 세상을 바꾸었고, 아인슈타인은 양자의 상대성이론으로 그때까지의 통념을 깨고 새로운 세상으로 우리를 안내했다. 이제 3차원의 세계에서 4차원의 세계로 우리 인간을 탈바꿈시킬 조짐은 여러 곳에서 일어나고 있다. 공연예술계는 특히 몸의 한계를 벗어날 수 없는 안타까운 시공간 속에 묶인 채 통념의 테두리를 벗어나지 못하고 있다. 융합의 논리로만 무용, 연극, 음악, 미술 등 장르의 경계만을 깨고자 노력하는 공연예술계의 행적은 매번 실망과 답답함을 금할 수 없는 채 대학로의 젊은이들과 원로들을 초조하게 하고 있었다.

"그게 아닌데! …", "어떻게 시작을 해야 하지?"

융합이라는 말로만은 해낼 수 없는 새로운 발상과 새로운 어법을 고려하는 동안 관객은 공연장의 문을 두드리고, 다시 실망하며 공연장을 떠나야 했다. 못내 아쉬워하면서….

그러나 복합장르라는 방법으로 영어와 불어를 섞어 쓰며 애니메이션계의 거장 노먼 맥라렌(Norman McLaren)의 생애를 인터뷰의 형식으로 전개한, 피터 트로츠머(Peter Trotzmer)가 열연한 이 작품은 우리 인간이 지금까지 예술을 바라보고 감동했던 형식과는 전혀 다른 방법으로 객석의 개개인을 속속들이 흔들어놓았다.

우리 속에 있으면서도 깊이 잠자고 있던 천재성을 일깨웠다. 과학적이고도 예술적인 방법으로 인간의 사고의 틀을 뒤엎은 형식은 정교하면서 정확하게, 그러나 아름답고 경이로울 정도로 환상과 현실을 넘나들며 장르의 융합이 아닌 새로운 공연예술의 어법을 창조해내고 있었다. 피터 트로츠머 그는 해냈다. 누구도 흉내 낼 수 없는 독창성으로.

2021. 10.

♪

자폐인으로 세계적인 동물학자가 된 그랜딘

세상은 인간이 한평생을 살며 헤쳐 나가기가 쉽지가 않다. 사람이 살아가는 가운데 능력과 운이 못 미치면 나름의 인생을 살며 세상에 부담이 안 되는 삶을 살아가기가 어렵다. 하물며 '지체장애아'로 태어나 보통 사람으로도 헤쳐 나가기 어려운 미로와 같은 세상을 살아나가기는 참으로 어려운 일이다.

대담하게도 한국 연극계는 대학로예술극장 대극장에 템플 그랜딘(Temple Grandin) 박사의 성장기를 다루는 연극 한 편을 올려 관객의 눈시울을 뜨겁게 해주었다. 자폐인인데도 세계적인 동물학자가 되어 미국에서 사용되는 가축시설의 1/3은 그녀의 작품이란다. 1947년생인 그가 〈타임〉지가 선정한 '영향력 있는 100인' 중의 한 사람으로 선정된 것을 보면 분명 천재적인 자폐아임은 틀림없다.

그런 자폐아의 천재성을 발견, 발굴하는 데 미국 사회 교육의 뒷받침과 그 부모, 특히 엄마의 부단한 노력과 희생, 자폐아를 다루는 의학계의 노력과 혜안이 있었음을 보여주는 이야기가 우리를 감동시킨다.

연극은 주로 주인공 템플이 어려운 유년 시절의 성장기를 보여준다. 분노 조절을 못해 중학교에서 퇴학당하고 신경 발작 증세로 고통을 당하는 가운데, 어머니와 정신과 주치의의 헌신적인 도움을 받아 마운틴 컨츄리학교에 입학한다. 그곳에서 칼락 선생을 만나 변화되어 간다. 그는 칼락 선생의 도움으로 일리노이 대학에 입학, 동물학 박사학위를 받고 '그림으로 생각하는 자신의 재능'을 살려 동물의 이동 경로에 맞는 가축시설을 설계한다.

연극은 주로 주인공 템플의 '좌충우돌 성장 과정'의 절망과 그 헤쳐 나가는 과정에서 어머니와 의사, 그리고 선생님들과의 모습을 그리고 있다.

한 자폐아가 어려운 절망을 딛고 자신의 길을 찾아가는 과정의 절실함을 보여준다. 언어로 인간의 내면세계를 무대 위에 펼쳐 설득 과정의 결말을 끌어내기란 어려운 일이다. 하물며 모든 사물의 관계를 '그림으로 인식하는 체계'로 이해하는 한 인간의 청소년기를 다루기란 얼마나 어려운 과제인가를 알 수 있었다.

이 연극은 기존의 연극 어법을 버리고 신체 언어로 내면세계의 복잡함을 살려냈다. 무대 위의 평면적 단조로움과 밋밋함을 피해 오히려 활력과 열정으로 관객에게 다가온다. 또 절망과 회의의 순간을 극복하는 동적인 내면세계를 대변하고 있다. 굳이 피지컬 시어터의 한 부류라고나 할까? 특히 언어와 춤의 어벙함을 피하고 배우들의 부단한 움직임과 그 속도의 조절만으로 주인공의 내면세계를 표현해 관객에게 오히려 가슴 뭉클한 감동을 선사한다.

환상적인 케미를 보여준 김주연, 유연, 윤석현 등 15명의 신체 앙상블 멤버와 이 연극을 이렇게 끌고 가자고 방향을 정한 '간다'의 연출 민준호와 안무가 심새인의 열정과 천재적 발상, 젊은 패기로 시작한 고양문화단체의 용기와 도전에 박수를 보낸다. 젊은 연극인들의 재능을 후원한 한국문화예술위원회에도 그 공을 돌린다.

2016. 11.

♪

〈싸지르는 것들〉

올해엔 연극계의 연륜을 알리는 공연과 단체가 눈에 띄게 많다. '연희단거리패'의 30주년 기념 공연과 극단 '작은신화'의 30주년 기념 공연이 어려운 조건 속에서도 버텨오며 역사를 이어가고 있다. 참 장한 일이다. 작은신화는 30주년 기념 공연으로 〈싸지르는 것들〉을 서강대 메리홀에 올렸다.

최용훈 감독은 아마도 우리 사회 속에 만연해 있는 소시민적 폐쇄성과 개인만의 행복을 추구하는 비열한 사회구조에 일침을 가하고 싶었나 보다. 이 작품이 쓰인 1950년대는 독일이 패전 후 600만 유대인 학살의 책임을 통감하면서도 독일 사회는 전화의 폐허 속에서 몸을 가눌 수 없을 만큼 피폐한 상태였다.

모든 독일 국민은 "Politick ohne mich!"(정치라면 나를 제외하고!)라고 외치며 전쟁의 폐허 더미에서 오로지 생존을 위해 안으로 움츠러들며 달팽이처럼 살아가고 있었다. 나만 배부르고 등 따시면 밖은 아랑곳없다는 생각으로 사회가 각박하고 여유가 없던 시대였다.

그러한 사회 상황을 보며 독일어권 문화계의 작가들은 사람들의 생각을 달팽이 집 속에서 끄집어내어 인간으로서 어떻게 사회와 정치를 바라보며 구실을 하며 살아가야 할 것인가를 일깨우는 데 앞장을 선다.

그중 두 거목은 스위스 출신 작가 마르크스 프리슈(Marx Frisch)와 프리드리히 뒤렌마트(Fridrich Durenmat)였다. 그들은 전후 독일의 경제 상황과 사회 여건이 안 되어 작품을 써도 우선은 방송극으로 대중과 만나고, 성공하면 몇 년 후 극장에 올리는 순서로 공연을 올리곤 했다.

공교롭게도 독일 유학을 마치고 이화여대 독문과 희곡 담당 교수로 부임한 나는 매년 독일 작품을 한 편씩 무대 위에 올렸다. 그 첫 작품은 1967년 9월 29일 〈비더만과 방화범들〉로서 이대 문리대 414홀에서 올렸던 기억이 난다.

성공적이었고, 2년 후 서강대에서도 올렸다는 소식을 들었다.

오늘날 한국 사회는 세계의 유례없는 산업국으로 도약하고 발전했다. 그럼에도 불구하고 우리 국민의 소시민적 근성과 '나'만의 부를 축적하는 물욕주의에 빠져 불을 싸지르는 범죄자들의 표적이 되었다. 결국은 모두가 다 함께 화염에 싸여 방치될 수밖에 없는 상황이 되고 말았다.

이 비더만(원래 뜻은 '출중한', '훌륭한'이라는 뜻이지만, 반어적으로 쓰면 '역겨운' 놈이 된다.) 연극은 중소기업 사장 비더만이 자기 집으로 스며들어 불을 지르려는 범죄자들의 비위를 맞추며 다른 집이야 어찌 되었건 자기 집만을 지키기 위해 비열하게 아부하는 그 과정과 결과를 보여주고자 했다.

특히 코러스를 동원해 극 진행과 결과에 대한 예견을 암시함으로써 관객들에게 비더만 부부의 비열함을 돋보이게 하고있다. 연출자이며 극단 대표인 최용훈은 우리 연극계의 귀한 존재로 한국 연극 발전에 많은 이바지를 해왔다. 그런데 이 작품 속에 숨겨진 반어적 기능을 놓치는 바람에 아쉽게도 공연을 올린 그의 목적을 관객에게 전달하는 데는 조금 부족했다.

2016. 9.

♪

〈스파르타쿠스〉와 〈린치〉

 무더운 여름을 거치며 시들거나 타 죽지 않고 건강한 9월을 맞이했음에 감사한다. 특히 8월 말의 두 색다른 춤 공연은 내게 살아 있음의 행복을 안겨주었다. 그 한 공연은 오늘날 우리가 사는 세상의 가장 깊고 넓게 아픈 상처로 남아 모두에게 작용하는 폭력과 억압을 다루고 있는 〈린치〉다.

 김성용이 안무하고 박은영과 마르코 카키자키가 춤을 춘 이 작품은 현대무용의 모호함과 거칠어질 수 있는 약점을 극복한 훌륭한 무대였다. 폭력과 억압, 그에 길들여진 무감각과 무력감이 일상이 되어버린 현실을 통절하게 그려내고 있는 한 편의 값진 무대였다.

두 무용수의 절실하고 적나라한 몸의 표현은 흔히 현대춤에서 놓치기 쉬운 섬세함과 집요한 힘을 표현해냈다. 그들의 손과 손가락, 심지어는 발가락에까지 미치는 온 힘을 다해 인간의 심리를 지배하는 내면의 변화를 형상화해 전달하는 데서 안무가의 의도를 모두 제것으로 소화한 훌륭한 춤꾼들이었다.

말하자면 안무자와 두 춤꾼은 인간의 '감정과 심리의 지도'를 명확하게 파악하고 전달해줌으로써 관객이 영혼의 울림을 자아내게 하는 경지로까지 몰고 갔다. 표정과 근육, 사지와 몸이 자칫 따로 놀게 됨으로써 일어나는 부조화를 들키지 않을 만큼 몰입하여 섬세하게 춤을 추었다.

행복과 감동을 전하는 데에는 음악이라고 하기에는 너무나 창의성이 높은 소리와 음향, 그에 걸맞은 단순 명료하고 상징적이기까지 한 공간 설정과 그 사용이 공연의 응집력을 높이고 있다. 자칫 스토리텔링에 치우칠 때 일어나는 어설픔과 겉멋으로 흐르기 쉬운 위험에도 불구하고 김성용의 춤사위는 철저한 심리분석을 거쳐서 나온 인간 내면의 무색체감과 절규를 통한 춤이었다.

그는 절망과 포기, 그 뒤에 오는 무력감과 무기력, 무너짐의 자포자기, 일상이 된 무심함의 반복을 간결함과 절실함으로 그려내고 있다. 소리와 시간의 흐름을 잘 담아낸 무대는 금상첨화였다.

또 하나의 춤 무대는 국립발레단의 〈스파르타쿠스〉. 국립발레단은 최태지, 강수진 예술감독이 이끌면서 비약적으로 발전했다. 스파르타쿠스(정영재, 이재우, 김기완), 크라수스(허서영, 변성완, 박종석)의 대비는 동화 속의 인물들로 살아났다. 프리기야, 예기나(김지영, 김리희, 박승기)의 춤은 무대 위에 열정적인 사랑의 무게를 받쳐주고 있었다.

70~80명이 넘는 무용단의 열기는 그들이 앞으로 한국의 발레계를 이끌어갈 인재들임을 과시하고 있었다.

스케일과 스피드, 스펙터클을 고루 갖추고 보기 드문 열정과 재미를 뿜어낸 이번 공연은 볼쇼이 발레단의 신화를 끌어낸 유리 그리가로비치의 안무와 세계 무용사 속에 뿌리내린 발레 정신을 에너지와 열정으로 담아냈다. 근육과 표정으로 섬세함을 담아내기에는 아쉬움이 없지 않았으나 장장 3막으로 이루어진 3시간은 행복으로 가득 채워졌다. 발레가 한국에서도 세월을 쌓으며 대중예술의 한가운데 서 있음을 여실히 확인시켜준 공연이었다.

2013. 3.

♪

융합은 앞으로 나아가기 위함이다

  2월은 내게 문화적으로 아주 특별한 한 달이었다.

  계절적으로 입춘, 우수가 있어 봄의 시작을 알리는가 하면 2월 25일 동아시아권에서는 최초의 여성 대통령이 취임하는 새로운 역사의 장이 열린 달이기도 하다. 남성 특유의 권위와 투지의 정신이 이제 여성의 융합과 포용의 정신으로 분단된 남북한의 문제 해결에 한 발 더 다가가는 계기가 되기를 기대해본다.

  이러한 경사스러운 2월에 내가 접한 문화행사들은 모두 격이 있고 뜻이 있는 행사들이었다. 우선 한국여성연극인협의회가 최초로 시도한 제1회 '여성 극작가 전'을 열었다. 박현숙, 강성희, 오혜령, 전옥주, 강추자, 김숙현, 최명희 등 7인의 작가들의 작품을 여류 연출가인 문화삼, 노승희, 송미숙, 백은아, 임선빈, 박은희, 류근혜가 맡았다. 또한, 무대미술을 포함한 모든 분야에서 여성의 힘을 과시하며 결집한 무대를 2월 13일부터 3월 31일까지 대학로 알과핵 소극장에서 진행 중이다.

여러 가지로 무모한 시도라고 할 만큼 기대하지 않았던 일이 예상외로 결실을 거두고 있다. 연극계에 미약하게만 보였던 여성들의 세계가 모아놓고 보니 그동안 많은 발전을 쌓아왔음을 확인하는 기회였다. 그런가 하면 대학로에 나가고 싶지 않을 정도로 성에 차는 연극을 보기가 힘든 마당에 명품극단(대표 김원석)의 '동아연극상' 연출상 수상작품 〈죄와 벌〉(THE GAME)은 오랜만에 연극 보는 재미를 선사했다.

상임 연출 김원석, 공간 연출 임창주, 미디어아트 강병수, 조명 박은화 특히 거미로 분한 마임이스트 이정훈과 검사 뽀르피리 역의 남명렬의 열연은 거미줄로 얽힌 인간사를 각 분야 예술가들의 융합으로 돋보이게 한 박력 넘치는 공연이었다. 특히 대학로예술극장 소극장의 제한된 공간을 확장, 확충함으로써 사회를 거미줄 속에 얽힌 상징성으로 엮어낸 연출의 속도감과 융합 능력이 돋보이고 있다.

또 하나의 의미 있는 공연은 최윤상이 이끄는 '훌'(wHOOL)이었다. 새로운 창작 음악을 접하고 그 열기와 가능성에 감동하지 않을 수 없었다. 최윤상 음악에 관심을 두게 된 것은 5, 6년 전 한태숙 연출의 〈맥베스〉 공연 당시, 그 공연을 돋보이게 한 '공명'이라는 음악공연단체의 음악을 대하면서다. 한국 악기의 특징을 살리면서도 새로운 소리와 리듬으로 맥베스에 깃든 암울하고 음침한 분위기를 그렇게 명쾌하면서도 기분 좋은 소리로 뒷받침하고 있었기 때문이다.

우리 전통 악기인 장구와 북, 피리와 태평소가 이끄는 열정과 박력은 드럼과 베이스 기타, 일렉트릭 기타와 고품질의 신디사이저와 함께 새로운 융합의 리듬과 열정을 자아내며 아직 듣고 보지 못한 새로운 소리로 우리를 놀라게 했다. 동서양의 악기가 융합되는 소리의 굿판이었다. 동·서의 화합과 융합이라고 할까 요란하고 격정적이면서도 한국인의 신명을 다른 형태의 새로운 소리 세계로 대중을 매혹하기에 전력을 다하고 있었다. 새로운 융합의 장을 보고 그 앞날이 궁금해지는 멋진 연주였다.

2009. 8.

♪

한국인의 현주소

문화는 참으로 여러 얼굴을 한 '복합체'란 생각을 해본다.

문화의 핵심을 이루는 여러 형태의 예술이 변형하며 그려가는 생태 지도를 보면 지금 우리 시대만큼 대중과 가까워지려고 노력하는 시대도 없었던 듯싶다. 대중화의 속도가 세계화와 맞물리며 온 문화예술은 앞다투어 '시각화'에 치닫고 있다. 튀는 문화가 사회를 이끌어가고 부초처럼 떠다니는 인재들이 사회를 이끌어가는 시대다.

수많은 전란을 겪으며 각자 개인들이 존립을 꾀하지 않으면 생존하기 어려운 구조 속에서 한민족의 정체성은 모래 문화를 쌓아가는 데 여념이 없는 채 오늘에 이르고 있다. 특히 정치에서 보이는 모래 문화의 형태는 예술 분야에 와서 유행에 민감한 '빨리빨리 문화' 속에 카멜레온처럼 몸색을 바꾸는데 과연 심지가 박혀 있기나 한 것인지 의심스러울 때가 많다.

특히 대학로에서 명멸해가는 여러 연극 단체의 수많은 시도를 보며 느낀 점이 많다. 그래도 가장 철학적이며 정신적이라고 주장해오며 공연예술의 리더 자리를 지켜오던 장르인 연극이 가장 가난하고 힘없이 추락하며 춤과 음악에 그 자리를 양보하고 있다. 이러한 문화생태 구조 속에서 뜻밖에도 아주 좋은 연극 공연을 통해 우리가 그동안 너무 오랫동안 생각하는 것을 잊고 살아왔다는 사실을 각성시켜 준 데에 감사하고 있다.

다름 아닌, 실험극장이 작년 공연(드라마센터, 남산)에 성공해 대학로의 아르코예술극장 대극장에서 재연한 피터 쉐퍼(Peter Shafer)의 〈고곤의 선물〉이다. 이 작품은 잠자던 한국 문화인들이 눈과 귀를 열고 우리도 생각할 수 있는 사람이라는 사실을 일깨워준 바 있다.

이 연극은 정의를 논하고 정의의 개념을 정의하는 데 얼마나 서양 사람들이 논리적으로나 감성적으로 철저한가를 경험하게 해준 좋은 예로 꼽을 수 있다.

천재성과 보편성의 갈등, 현실과 이상의 괴리, 그 속에서 감성의 극치를 고집한 주인공과 그 아내와의 갈등을 그리고 있다. 자살이냐 타살이냐 의구심마저 일으킬 만큼 자신 속으로 파고든 주인공의 비극적 삶이 그의 사생아이자 문학비평가인 아들과 작가를 끊임없이 견제해온 현재 부인과의 대화 속에 팽팽하게 펼쳐진다.

이 작품은 현실 속 인간의 삶과 내재한 갈등을 희랍의 신화를 인용해 고차원의 대화 속에 엮어간다. 두 번째의 실타래, 그 속에 숨겨진 인물들의 진짜 모습은 벽 넘어 절벽으로 떨어진 삶의 실체와 엮어져 난해한 구석이 너무 많다. 특히 구태환 작가의 모든 것을 담아보려는 욕심에서 덜 정리된 부분이 관객을 혼미하게 만드는 점을 간과할 수 없다.

그런데도 이 작품은 우리 한국의 현재의 문화인들과 문화계의 풍토가 얼마나 덜 진지하고 덜 철저한가를 반성하게 해 주는 훌륭한 계기가 되었다.

2020. 10.

♪

법과 사람 만들기

  한참 전 일이다. 팔순을 넘은 노신사와 나눈 대화가 나를 요즈음에도 놓지 않는다. 동경 유학을 하고 법관을 지낸 그가 얼마 전 남편을 여읜 옛 흠모하던 여인을 위로하기 위해 마련한 점심 자리에 동석한 터였다. 인생의 바닥과 거친 세상을 헤쳐온 그 법관 출신의 노인은 노인답지 않게 냉철하고 단호했다.

  "제 인생은 완전 실패작입니다."

  다섯 남매의 아버지로, 사회에서는 알아주는 변호사로 성공한 삶을 살아온 그는 다섯 남매를 모두 미국 유학을 시켜 교수로 길러낸 '한국형 성공한 삶'의 표본이었다.

"이 나라에는 법과 정의가 없습니다. 법과 정의가 없는 나라에서 법관을 지냈다는 것은 법을 모르는 어진 사람들의 주머니를 짜서 부를 누렸다는 얘기가 아닙니까? 저는 법을 알아서 이 사회를 헤쳐 여기까지 왔지만 제 아이들은 법을 모르는 알몸뚱이 철부지라 모두 유학한 미국에 머물러 살도록 권했지요."

그 노신사는 아직도 열정과 꿈이 있다고 했다.

"제가 죽기 전에 꼭 할 일이 하나 있습니다. '사람 만들기 작업'에 여생을 바칠까 합니다. 우선 '나'를 찾는 일이지요. 우선 사람들을 '인간 만들기'에 동참을 시키는 일인데, 그게 그리 쉽지 않더군요. '돈 찾는 일'에는 거대한 조직이 동원되어 여지없이 잘 굴러가는데, '사람 만들기' 작업에는 돈도 많이 들고 조직도 단단해야 하는데 그게 막상 시작하려 하니 쉽지가 않아요."

돈 버는 일과 객관적 행복의 노예가 되어 개미처럼 일하며 버겁게 살아온 한국인들에게 이제 시원한 호숫가, 높은 나무 위에 앉아 '나'를 비춰보고 '인생'을 돌아보는 매미의 멋이 생길 만한 때가 된 것인가? 머리 한 가닥 희지 않은 깐깐한 외모의 노신사는 한국인의 '새로운 열정'을 엿보게 해 주고 있었다.

위 얘기는 벌써 사반세기 전 내가 한국공연예술원을 만들 때의 일로 그 법적 책임의 문제와 주의해야 할 점 등을 상담받으면서 나눈 것이다. 25년이 지난 오늘날에도 내 뇌리에서 지워지지 않는 대화라 다시 한 번 되짚어본다.

오늘날 우리는 어떤 사회에 살고 있는가? 태반의 국회의원들이나 고급 관리들은 대부분 법관 출신이며 법을 잘 알고 있다. 법을 가지고 인간과 사회를 어떻게 비틀어가는지. 고깃덩이를 물고 머리를 흔드는 물속의 자신을 비춰보며 수면에 비친 자신의 고기마저 뺏어야 직성이 풀릴 자세로 세상을 살아가고 있진 않은지!

요즈음 우리 사회는 오히려 '법의 유희'를 통해 인간으로서는 도저히 용납할 수 없는 비틀어진 상식으로 삶을 호도하고 '양심과 법'은 마치 딴 세계 이야기인 양 멋대로 생각하는 것 같다. 또 그 잣대와 가치를 아랑곳하지 않는 얼룩지고 비틀어진 모습의 자화상을 만들어 가면서도 어찌 그리 떳떳하고 뻔뻔스러운지 양심이 실종된 모습들을 보면서 실망을 금할 수 없다.

'염치와 양심'이란 단어는 먼 옛날 잃어버린 삶의 잣대다. 오늘날 우리 사회에서는 통용되지 않는 단어로 영영 사라져 '사람 구실'을 못 하게 되지나 않을는지 참으로 우려된다.

사람이라면 염치와 양심을 감지할 수 있는 감성의 돌기가 무뎌져서는 안 되는데, 아예 사람으로서의 잣대마저 세상에서 영영 사라질까 불안한 마음이다.

2013. 5.

♪

세련된 대화의 장, 살롱문화

한국 사회가 어지럽고, 수선스럽고, 갈피를 잡을 수 없는 채 들떠 있음을 느낀다. 어디를 밟을 때도 수렁을 밟지나 않을까 두려워 불안해하고 엉거주춤한 채 살아왔다고 생각한 지 오래되었다.

문화에 몸을 담고 문화 발전에 조금이라도 보탬이 될까 해서 노력을 하면 할수록 실망을 거듭하며 오늘에 이르고 있다. 그런데도 나는 요즈음 우리 사회가 의외로 차분하고 안정되어 가는 모습을 보는 듯해 기쁘다.

물론 개성공단 문제며, 북핵의 대치 상태로 여전히 불안한 상황임에도 불구하고, 우리 국민은 무심하다고 해야 할까, 무감각하다고 해야 할까, 그 반응이 가히 촌음을 다투는 데도 너무나 조용하고 차분히 관망하는 모습이다.

이러한 차분함을 나는 우리 사회의 많은 구석구석에서 읽고 있는 요즘이다.

첫째, 지난 달 말 나는 아주 신선한 체험을 하며 우리 사회에 대한 믿음을 쌓았다. 다름 아닌 '생애사' 모임에서 마주한 우리 사회의 깊이였다. 어느 지인의 소개로 나는 생애사 모임에 갔다. 각자의 생애를 통해 자신들의 삶의 창을 넓혀가는 모임이었다. 나의 일생과 문화에 종사하는 동기, 목표, 방법, 문화를 보는 시각 등을 나누어 갖기를 원한다는 요청이었다. 그 모임은 한 30명으로 시작해 어느새 60회가 되었다. 매달 한 번씩 다른 분야에 매진하는 분들을 모신다고 했다. 어떤 분들이 이런 모임을 할까 궁금해 그 초청을 수락한 나는 그들과 아주 즐겁고 뜻있는 환담을 하며 몇 시간을 보냈다. 그들은 각계각층에서 입신양명하고 우리 사회에서 기둥 역할을 하던 분들이었다.

이분들은 나이를 먹어도 사회에 대한 넓은 시야를 놓치지 않기 위해 우리나라에 '살롱문화'를 심어가고 있었다. 문제가 있으면 대화로 소통이 되고, 의견을 나눌 수 있는 '지성의 장'임을 실감하게 했다. 그들 회원은 대부분 기업의 사장이거나,

외국 대학에서, 또는 국내에서 누구라도 알만한 석학들이었다. 계속 우리 사회의 면면을 알고 싶은 깊은 관심에 이 모임의 열정을 이어가고 있었다.

나는 우리 사회가 넓이와 깊이를 더해가는 모습을 보고 행복하고 기뻤다. 내가 아는 또 다른 모임으로는 90회에 이르는 '괴테를 사랑하는 사람들의 모임'이 있다.

그림을 사랑하는 법학도의 모임, 최종고 박사가 이끄는 여러 분야에 걸친 사람들의 '생애와 전기'를 나누어 갖는 '전기와 생애' 모임도 해를 거듭해오고 있음을 안다.

사람이 모이지 않는 요즘, 이 같은 지성인의 모임이 우리 사회에 등불이 되고 있다. 돈에 무심한 이러한 모임이 우리 사회에 다시 불을 밝히며 깊이와 무게를 쌓아가고 있음이 분명하다. 우리가 행복할 수 있는 미래를 보는 듯해 기쁘다.

2010. 4.

♪

스페인과 가우디의 건축

 나의 호기심과 열정은 나를 그동안 많은 나라의 문화와 다양한 사람들을 만날 기회로 이끌어주었고, 그에 대해 나는 늘 감사한다. 그러면서도 멈출 줄 모르고 나타나는 이 끝없는 호기심에 대해 감사 반, 우려 반으로 나이를 먹어가는 중이다. 옛날 같으면 뒷방에 앉아 긴 담뱃대로 권위를 피우며, 화투짝이나 만지작거리는, 아니면 손자들에게 〈삼국지〉나 읽어줄 나이인데도 나는 새로운 곳이나 새로운 문화를 접할 기회가 있으면 마다하지 않는, 이 철없음에 대책을 세울 수가 없다.

 덕분에 피카소, 달리와 미로 그리고 가우디의 나라, 투우의 니라, 플라멩고의 나라이며 안달루시아의 독특한 문화로 알려진 스페인에 가게 되었다. 이슬람 문화와 기독교 문화가 토착 문화와 절묘하게 어우러져 21세기 복합문화의 본보기를 보여주는 스페인의 대표적인 도시 '바르셀로나'를 만날 수 있었던 것은 지난 한 해의 큰 수확이요, 내게는 보약 같은 여행이었다.

지중해를 향해 높이 세워진 콜럼버스의 동상은 전 세계의 42개 동상 중 최초이자 가장 큰 동상이라고 한다. 스페인은 1759년 영국이 프랑스 함대와 싸워 승전한 이후 해군의 나라, 함대의 나라로 국력을 키운 영국에 최강의 자리를 내주었다. 그들은 아쉬운 역사를 갖고는 있으나 콜럼버스를 세계로 내보낼 수 있었던 국가적 안목과 대담한 국민성을 지닌 위대함이 그들 스페인의 문화에 아직도 여실히 나타나 있다.

특히 바르셀로나의 온 도시를 수놓고 있는 건축가 안토니 가우디(Antoni Gaudi)의 수많은 건물이다. 그중에서도 눈에 띄는 건물은 물결무늬의 베란다로 건물의 전면을 장식한 집들이다. 직선으로 아름다움을 자아내던 고정관념을 과감하게 깬 그의 건물들은 이제 스페인을 관광의 나라로 이끄는 데 큰 몫을 하고 있다. 더구나 미완성인 성당 사그라다

파밀리아는 그 웅대함과 대담함, 더 나아가 건축의 역사를 무색하게 할 만큼 유머러스함과 따스함으로 표현해냈다. 그 치밀함과 대담함에 감탄을 금할 수 없다.

무엇보다 그가 만든 공원, 그가 지어준 부호들의 저택이나 건물은 당시 스페인 사람들의 아름다움을 보는 척도와 미래를 일찌감치 준비할 수 있었던 안목이 밑받침이 되었으리라 생각된다. 가우디가 공룡 등뼈, 달팽이의 집, 물고기 비늘 등 자연에서 영감을 얻어 창조한 건물들은 외적인 아름다움에 그친 것이 아니다. 그는 통풍의 가능성, 동선의 효율성을 최대한으로 살린 치밀한 건축가이며 그 시대를 자신의 이상을 실천하는 마당으로 삼을 만큼 대담한 실천력을 갖춘 천재였다.

1906년 유럽이 자연에서 배우고 응용하던 아르누보 양식이 유럽의 변방 스페인에서 피어날 수 있었던 것은 한 사람의 천재를 품어낼 수 있었던 안목으로 온 사회가 예술가와 함께 미쳐 있었기 때문이다. 디자인 도시를 꿈꾸는 서울이 가우디 같은 천재를 품으려면 우리 사회도 언제쯤이나 예술가와 함께 미칠 수 있을까 궁금해진다.

2008. 3.

♪

우리 문화의 미래, 어린이

"오늘은 2020년 어느 날입니다. 미래는 어떤 일이 있을까요? 여러분이 신문기자가 되어 기사를 써봅시다. 마음껏 상상하여 기사의 제목을 써보세요."

손녀딸의 답.

"바닷속 도시에 99빌딩(99층 빌딩) 생기다. 우주정거장의 도시 세워지다. 움직이는 색종이 개발. 지구, 겨울이 없어지다. 직접 몸으로 체험하는 게임이 개발되다. 한국어, 세계 공용어 되다. 죽은 애완견 살려 드립니다."

나는 손녀딸에게 물었다.

"2020년이면 네가 몇 살이 되지?"

"23살 되겠는데요!"

미래는 창의력과 아이디어 실천력으로 승부가 나는 시대라 한다. 끊임없이 발전하고 변화하는 세계 속에서 우리의 미래는 어떠한 어린이를 어떻게 키워내느냐에 달려 있다고 해도 과언이 아니다.

어린이는 꿈을 먹고 자란다. 그러므로 어른들은 어린이의 미래를 책임지고 그들이 사회의 일원이 되기까지 끝없는 상상력 속에서 마음껏 꿈을 꾸게 해주어야 한다. 청소년이 되어 그것을 펼쳐 보일 수 있도록 여러 가지 수단을 제공해주어야 한다.

학교 이외의 교육장에서 얻는 여러 가지 기회가 바로 그 꿈의 종류와 한계를 뛰어넘게 하는 가능성이 된다.

대한민국은 이제 세계 경제 10위권에 들어가는 경제 대국답게 도시마다 여러 형태의 문화회관, 문화센터에서 다양한 장르의 강의나 행사가 이뤄지기도 한다. 또 양질의 세계 문화를 접할 수 있게 되어가고 있다. 특히 겨울 방학과 여름 방학이 되면 여러 형태의 전시회, 공연, 영화, 체험장이 어린이들을 기다리고 있다. 한 집안에 하나나 둘밖에 없는 귀한 존재인 어린이의 장래를 위해 부모님들은 잘만 계획을 세우면 학교 밖에서도 얼마든지 훌륭한 교육장을 접할 수 있다.

그중에서도 어린이를 위한 연극 공연은 어떤 다른 장르에서보다 상상력과 체험의 폭을 넓히며 감성의 심화를 가져오는 좋은 교육장이다. 이번 겨울 방학도 여러 극단과 공연장은 다양한 프로그램으로 어린이와 부모를 기다리고 있었다.

30여 년이 넘도록 능력을 쌓으며 어린이를 위한 공연을 고집해온 극단 사다리의 〈고양이는 왜 혼자 다닐까요?〉, 〈퍼펫 뮤지컬〉, 〈리틀덩키〉, 〈고추장 떡볶이〉, 아시테지 작품 등 어린이를 위한 겨울 방학 무대는 셀 수 없이 많았다. 물론 뜨거운 교육열도 참작된 결과다.

그러나, 우리는 어린이를 위한 공연을 만들며 숙고해야 할 문제를 처음부터 염두에 두고 작업에 임해야겠다.

① 나이 구분이 참작되지 않은 공간과 주제 ② 수입만을 고려한 폭넓은 관객층 수용의 작품 올리기 ③ 어린이 정체성을 고려하지 않은 외국 작품 번안극의 범람 ④ 어린이의 예민한 감수성을 고려하지 않은 공간성에 대한 무감각과 무지 등.

훌륭한 교육의 뒷받침은 어린이의 미래를 위해 깊이 생각해야 할 문제들이다.

2020. 4.

♪

이 또한 지나가리라

　코로나 19로 인해 갑자기 세상이 인간의 힘으로는 도저히 감당할 수 없는 큰 변화 앞에 섰을 때, 한 개인이나 사회의 반응하는 태도를 보고 우리는 그 사회의 성숙도를 점검하게 된다. 당황은 금물이며, 정신을 잃으면 운명의 주인이 될 수 없는 것이다. 그래서 '호랑이에게 물려가도 정신을 차리라.'라는 옛말은 우리를 다잡아주는 귀한 속담이다.

　특히 모여서 재능과 끼를 자랑하고 세상에 자기를 맘껏 표현하며 대중과 호흡을 주고받는 문화예술을 향유할 때 엔도르핀과 도파민이 생성되며 행복해진다. 이러한 예술이 세상을 변화시키고 가족·이웃과 행복을 주고받는다. 예술을 사명과 업으로 삼고 살아가는 사람들에게는 오늘날과 같은 '닫혀있는 삶' 속에서는 그 본연의 구실과 역할을 해낼 수가 없는 것이다.

인간의 힘으로는 코로나의 향방을 가늠할 수 없는 작금의 현황에서는 참고 기다릴 수밖에 도리가 없다. 계획했던 모든 것이 기약 없이 미루어지는 마당에 '예술가의 소임'을 다하는 길은 과연 무엇일까? 앞으로 관객이 없는 예술의 모습은 과연 가능하기나 할 것인가? 유튜브의 발달이 궁여지책이기는 하나, 또한 관객의 반응을 쌍방으로 보기는 어렵다. 그래도 애써 예술가들이 만들어낸 작품, 프로덕션의 모습을 방영의 형태로나마 감상하고 즐길 수 있어 다행이다.

3월에 들어서면서 뉴욕 메트로폴리탄 뮤지컬과 독일 필하모니는 그들의 3, 4월 공연 작품을 방송 채널에 올려놓았다. 예술의전당도 몇 작품을 재빠르게 유선방송을 통해 볼 수 있도록 조치하고 있다. 다행한 일이다. 현장에서 주고받는 그 섬세함과 감동을 간접으로밖에 접할 수 없는 아쉬움은 어쩔 수 없다. 나는 예술의전당에서 국립창극단의 공연 〈패왕별희〉를 보고 나름대로 만족하며 감동할 수 있었다.

매우 고마운 공연 관람이었다. 비록 명암의 섬세한 구분과 색채의 세밀한 감성을 파고드는 것은 만족할 정도까지는 이르지 못했지만, 작곡과 작창을 한 이사람의 의도와 창극의 독자성을 잘 전달하고 있었다. 또 그 완성도에 이르고 있는 성취에는 공감과 감격의 즐거움을 충분히 느낄 수 있어 행복했다.

1960년대부터 창극의 독자성을 언제 성취하려나 조바심과 기대를 가졌으나 1970년대, 1980년대, 1990년대, 2000년대가 지나도록 아쉬움은 가시지 않았다. 오늘에까지 이른 나의 인내심을 이번 국립창극단의 공연이 드디어 해소시켜주었다.

이제 우리나라 고유의 소리극, 창극의 진수를 살릴 수가 있겠구나 하는 기대와 희망을 준 작품이다. 2019년 가을 국립극장에서 공연한 후 그 성공을 확신하며 2020년에 다시 예술의전당에 올린 작품을 방송을 타고 볼 수 있게 된 것이다.

'오늘을 즐기라'라는 말을 다시 '이 또한 지나가리라'라는 말로 대신하며 공연예술인들의 앞으로의 무궁한 변신을 기대한다. 나 또한 미래에 대한 기대를 멈추지 않으련다. 코로나 현상 속에서도 우리는 단절이나 절망보다는 미래를 설계하는 변화가 있을 뿐이다.

2017. 7.

♪

자존감과 민족문화의 뿌리

1991년, 몽골이 최초로 공산권에서 유리되어 스스로 자립하며 서방권에 문호를 개방하던 시기, 나는 몽골 국립극장 개국 60주년잔치에 초대되어 몽골의 공연예술(영화, 연극, 무용, 서커스 등) 전반에 걸친 발전상을 접하는 행운을 누렸다. 그들의 열악한 경제 상황을 보면서 나는 문명의 혜택이 인간에게 얼마나 큰 편리함을 제공하는지도 함께 경험했다.

나는 그 불편하고 열악한 삶의 조건과 상황 속에서도 몽골 국민이 지닌 건강한 자긍심과 자존감을 접하며 그들에게 칭기즈칸이 있었다는 사실이 그들의 정신과 역사의 척추가 되고 있음에 감탄했다. 공룡의 나라, 초원의 나라, 말과 라마와 양 떼들과 함께 문화를 일구어온 소박한 삶의 조건 속에서도 그들의 그림, 춤, 노래 등 모든 분야에서 몽골 민족의 긍지와 당당함을 풍기고 있었다. 당당하다는 것은 아름다움 그 자체다.

2003년 초봄, 나는 또 한 번의 행운을 경험한다. 페르시아 문화의 보고라고 하는 이란의 수도 테헤란에서 치러지는 국제 연극제에서 괴테가 동경하던 페르시아 문화를 경험했다.

베일에 싸여 있던 또 다른 문화의 진수를 엿볼 기회였다. 우선 아랍어와 다른 페르시아 언어의 유려함과 우아함은 이란 사람들의 선량함과 세련됨을 전달하고 있었다.

더구나 20여 년이 넘는 미국과의 냉전 속에서도 유유히 버텨낸 당당함과 지혜로움이 그들의 섬세한 문화 속에 면면히 깃들어 있었다. 물론 알렉산더 대왕의 정복을 비롯해 수많은 역사의 편린이 그들의 굴곡을 수놓아 오늘에 이르고 있음은 짐작이 가고도 남는 일이다. 연극제를 중심으로 문화행사를 치르는 행사 진행 속에는 그들의 내면에 깃든 당당함과 자존감의 세련된 표현을 엿볼 수 있었다.

우리나라 또한 수만 년의 유구한 역사를 자랑하며, 그 저력으로 단절된 역사의 굴곡을 딛고, 70년 남짓한 기간에 세계가 놀라는 장족의 발전을 했다. 대한민국의 눈부신 발전과 번영은 조상으로부터 물려받은 끼와 DNA가 있기 때문이며 이는 한민족의 자존감과 자신감에 큰 획을 긋는다.

우리 스스로가 반성하며 삶을 돌아보는 태도는 한시도 놓쳐서는 안 될 일이다. 지나친 자기 비하는 건전한 성숙을 가져오는 데 걸림돌이 될 뿐이다. 오늘날 세계는 대한민국을 우러러보며 부러워하고 칭찬하고 있다. 우리 민족의 정신은 외국의 유명 학자들이 이미 지적하고 있듯 홍익인간 정신에서 그 뿌리를 찾을 수 있다.

세계가 하나 되어 살아가려면 조상의 얼이 담긴 우리의 정신 문화가 제대로 살아나야 한다. 이 사실을 성숙의 디딤돌로 삼아야 함을 잊지 말자.

또한, 건전한 자존감과 자신감을 주춧돌로 삼고 힘차게 앞으로 나아가되, 진짜 우리 조상의 정신인 포용의 문화 속에 격과 품위를 잊지 말자. 나라의 주권을 빼앗긴 채 살아온 36년 동안 일제가 우리 모르게 심어놓고 간 식민사관에 지나지 않는 자기 비하에서 이제는 깨어나야 한다.

2014. 7.

♪

외화내빈(外華內貧)

아마도 1986년인 듯싶다. 나는 일본에서 한 달 묵으면서 일본의 공연예술계를 돌아볼 기회를 얻게 되었다. 마침 일본에 거주하는 막냇동생 집에 머물며 일본 생활을 맛볼 수 있었다. 무더운 8월 여름 방학을 이용한 휴가였다. 그러나 날씨가 어찌나 습하고 더운지, 하루에도 서너 번 샤워를 하지 않고는 배길 수 없었다.

그런데 마침 NHK에서 각 나라의 문화의 특징을 소개하는 프로그램에서 한국 편이 나왔다. 서울의 화려한 큰 거리와 골목길 문화, 여자들의 화장법과 옷 입는 습성을 보여주며, 한국이라는 나라는 겉은 화려하나 집안의 내용이나 거리의 뒷골목은 빈곤하다고 소개하고 있었다.

그 방송이 끝나고 마침 뉴스 시간이 되었는데, 서울에서 물난리가 나서 한강의 둑 위로 물이 넘치고 있었다. 화곡동으로 기억되는 주택가에 물이 넘쳐 흐르는 모습이 보도되고 있었다. 마침 샤워를 마친 끝이라 나는 우연히 물이 흘러내리는 하수구를 유심히 보다가 일본의 하수처리가 3중, 5중으로 처리된 모습을 보고 감탄했다. 우리나라는 2중으로도 안 된 하수처리가 많던 당시, 나는 일본인들의 꼼꼼함과 물난리에 대비하는 태세에 감탄하지 않을 수 없었다.

그후 나는 한국으로 돌아와 우리 집의 하수처리를 좀 더 확실히 하려고 노력했다. 그 당시로는 기껏해야 2중 구조 이상은 하수처리가 되지 않는 건축의 시스템으로는 달리 방법이 없었다. 요즘 우리는 '세월호 사건'을 계기로 안전을 외치며 우리 사회에 뻥뻥 뚫린 정신적, 물질적, 사회적, 문화적 허점에 모든 정신을 기울여 점검하는 중이다.

그러는 가운데 나는 국립극장에서 창극을 현대화하는 목적으로 〈젓찍고 옹녀〉를 보게 되었다. 젊은 세대의 구미에 맞게 연출한 고선웅을 내세우며 또 하나의 실험극을 선보이고 있었다. 오랜만에 찾은 달오름극장은 객석의 구조가 바뀌어 관객이 쾌적하게 느끼도록 아주 상큼하게 고쳐져 있었다.

그러나 예술감독 김성녀가 고선웅 연출에게 의뢰해 무대 위에 올린 〈점찍고 옹녀〉의 무대는 미학적인 원칙과 철학을 엿보기에는 너무나 무질서하고, 거칠고 조악했다. 미학적 구조의 기본은 차치하고라도 무대 위의 구조와 공간의 활용성은 기본마저 무시한 채 진행되고 있었다.

스토리텔링에 급급해 관객의 웃음을 유도하는 데 억지가 너무나 드러나 불쾌하기까지 하였다. 더구나 영문 자막은 무대 진행과 잘 맞지 않아 외국 손님에게 너무나 민망스러운 결례를 범하고 있었다.

진부하고 느린 한국 고전의 음악과 소리가 젊은이에게 다가가지 않는다고 해서, 우리 민족 고유의 '여백의 미'와 '단아함'과 '단순미'는 번잡한 몸짓으로 대체되어 우리 문화를 조롱하는 듯 보였다.

예술가가 되기 이전에 예술가는 무엇을 위해 존재하는가를 숙고해야 한다. 관객의 격려와 질책이 없이 훌륭한 예술은 이루어지지 않기 때문이다. 작금의 문화 양상이 속 빈 강정처럼 겉치레에만 그럴듯해 '외화내빈'의 문화만 양산하겠다는 모습에 걱정이 앞선다.

2016. 1.

♪

깍두기와 엽전을 극복하는 길

 2015년 우리는 광복 70주년을 기리며 여러 종류의 문화행사를 해왔다. 청년층의 역사의식을 일깨우기 위해서, 또한 한국인의 본성이라 할 수 있는 가무악(歌舞樂)을 즐기는 흥을 돋우기 위해서 열린 다양한 문화행사는 우리 민족의 자긍심을 북돋우기에 흥겨운 한 해를 보낸 것은 틀림없다.

 어려운 경제 상황 속에서도 대한민국의 광복 70주년은 대한민국 국민의 자긍심을 일깨워주었다. 원조를 받던 나라에서 원조를 주는 나라로 탈바꿈한 우리나라의 국제적 위상을 피부로 느끼는 한 해였음은 물론이다.

 하지만 아쉬운 마음을 남기는 한 해이기도 했다. 정치권의 소란스러운 개편 과정과 역사 교과서 파동을 겪으며 우리 민족은 과연 식민사관 문화의 수준을 언제 뛰어넘을지 고민해 본다.

'깍두기' 문화는 일본 통치의 서슬이 시퍼렇던 시대에 종로 네거리에 빨간 넥타이를 매고 요란한 단장을 하며 활보한 사람들을 일컫는다. 그들은 움츠러든 한국민의 정서에 신선한 눈요기를 제공하며 일상을 짓누르는 당시의 민족 정서에 한줄기 시원한 바람을 불어넣었다. '질서 깨부수기'의 파격적인 외양은 당시 지식인들에게 소나기 같은 시원함을 제공해주었다 한다.

1970~80년대의 유신정권 시대와 군사정권 시대를 거쳐 1990년대의 민주화 시대, 2000년대의 세계화를 맞이했다. 한국 국민은 단군조선 이래 아마도 가장 풍요로운 먹거리와 입는 문화, 멋과 맛의 시대를 만끽하고 있다. 그런데도 우리가 '엽전' 시대의 열등감과 눈치 보기를 완전히 극복했다고 하기에는 아직 이르다. 여러 면에서 아직 일제 강점기의 식민사관을 극복하지 못했다는 생각이 든다.

'600만 유대인 학살'이라는 독일 역사의 민족적 아킬레스를 빌리 브란트를 위시해 앞장서 풀어가고 있는 독일에서 나는 우리 민족이 식민사관의 족쇄를 풀어갈 본보기를 기대해본다. 이는 일본 아베 총리의 사죄만으로도, 위안부 문제의 해결과 일본의 사과만으로 해결되는 일도 아니라고 생각한다.

우리는 1894년 아관파천, 명성황후 시해를 겪으면서도 자국부강(自國富强)을 내세우고 대한제국을 선포한 고종황제의 결단과 역사의식을 새삼 짚어보아야 한다. 러시아, 중국, 미국, 영국, 일본의 시소게임 속에서 어떻게 대한제국을 선포하며 공업화, 현대화에 박차를 가했는지를 살펴봐야 한다. 그 가운데서도 어떻게 대한제국에서 대한민국으로 발전할 수 있는 근거를 마련했는지 그 지혜로움과 과감함을 읽어봐야 한다.

오늘의 세계열강과 겨룰 수 있는 대한민국의 열정과 긍지를 세워야 할 것이다. 또한, 우리는 화려한 문화와 경제발전에도 여전히 우리 몸속에 도사리고 있는 엽전 근성의 열등의식을 떨쳐버려야 한다. 그래야만 당당한 독립국을 선언한 대한제국과 그 시대에 근원을 둔 대한민국의 현대사를 세울 수 있을 것이다. 우리 국민이 온전한 자긍심을 가질 때 비로소 우리는 또 한 번의 도약을 맞이할 것이다.

2010. 12.

♪

모두가 뛰어난 인재다

한국 사람들은 너무나 오랫동안 자신을 비하하는 콤플렉스를 안고 살아왔다. 물론 그러한 콤플렉스나 자기 비하는 일본이 심어두고 간 식민사관 때문일 것이다. 어쩌면 이러한 현상은 타민족의 지배를 받아온 모든 피지배 민족이 함께 겪어온 일이다. 특히 대단한 문화의 깊이와 지혜를 자랑하는 인도인들이 서양 사람들에게서 무시당하는 부분들이 바로 그런 점이다.

그건 '상대를 의심하고', '솔직 담백하지 못하며' 정면충돌이 아닌 '뒤통수치기' 방법으로 삶을 살아간다고 비난받는 면이다. 하지만 무굴족의 지배와 영국인의 지배를 합치면 500년이 넘는 세월을 타민족 아래에서 적응하며 삶을 유지해온 인도인들을 비난할 수만은 없을 것이다. 우리 한민족이 일본의 지배를 받은 36년은 600년이 넘는 인도의 경우와 비교할 때 한순간에 지나지 않는다.

하지만 우리 할아버지 세대, 아버지 세대, 그리고 선배님 세대들이 삶에 대처하는 방식을 보면 많은 변화를 변별할 수 있다. 그 대표적인 인물로 나는 조선 말기 유소년기를 지낸 안호상 박사님이나 김천흥 선생님을 꼽는다.

그들의 단호한 절개와 현명한 처세를 보며 너무나 감탄하고 존경하고 있다. 일본 유학을 하고 일본 문화를 몸에 익히며 살아오신 세대들의 처세 속에서 나는 자신을 상하지 않고 남을 해하지 않는 외교적 처세술의 공통점을 읽는다.

남도 안 다치고 나도 안 다치는 지혜, 나를 감추고 자기를 지키는 삶의 지혜를 읽을 수 있다. 다음으로 유년기와 소년기를 일본 치하에서 지내며 해방을 맞이한 세대, 지금의 70대 세대다. 그들은 유럽과 미국에서 유학 생활을 하며 서양 문화의 한국 유입에 앞섰다. 비록 그들은 일본의 강압을 직접 겪지는 않았으나 그들의 뇌리에는 아직도 엽전 콤플렉스가 스며 있다.

이러한 세대들의 지혜와 투지가 바탕이 되어 한국 사회는

6·25, 4·19, 5·16, 5·18, 6·29 등을 겪으면서, 번영을 일구었다. 그들은 IMF의 철퇴를 맞으면서도 넘어지면 일어나는 불굴의 투지로 오늘의 한국 사회를 이끌어가고 있다.

한국 사회는 2002년 월드컵 때 맛본 짜릿한 단합과 자긍심을 바탕으로 비로소 자기비하 콤플렉스를 완전히 벗어버릴 수 있었다. 2010년 11월에 치러진 G20 정상회의와 광저우 아시안게임에서 쏟아진 메달 세례로 한국민은 식민지 사회 때부터 대물려온 엽전 콤플렉스를 완전히 벗은 듯 보였다. 이제 동양을 벗어나 세계로 뻗어가는 한국인의 기상과 지혜, 투지와 창의력은 세계를 이끌어갈 인재들의 집단임을 자타가 공인하게 되었다.

"토끼가 제 방귀에 놀란다"라고 한다. 한국 사람들은 지금까지 스스로가 일구어낸 결과에 반신반의했다.

대한민국의 국민은 2010년을 기해 누구나가 인재임을 확신하게 되었다. 현실과 맞서 싸운 불굴의 투지와 미래를 향해 꿈을 실천한 긍정적 사고 그리고 새로움을 향한 창의력 계발에 더해 남을 돌아볼 수 있는 여유를 갖춘다면 그 누구나 세계를 이끌 수 있는 인재의 자질을 갖추었다고 본다.

2020. 11.

♪

나의 제자 삼성 이건희 회장

　나는 1961년 독일 유학을 떠나기 전 1959년부터 1961년 8월까지 모교인 서울대학교 사범대학부속고등학교에서 독일어 교사로 3학기 동안 근무했다. 사대부고는 1945년 8·15해방 이후 특별법을 제정하고 ① 남녀공학으로 ② 전국에서 우수한 학생을 뽑아 나라의 지도자를 육성하고자 하는 취지로 전국의 어느 학교보다도 우선으로 특차로 시험을 치렀다.

　이건희 삼성그룹 회장은 사대부고 13회 졸업생으로 나와는 사제의 인연을 맺은 사람이다. 그 동기였던 홍사덕 국회의원, 현대그룹 정몽구 회장의 오른팔로 현대자동차와 현대

제철을 일으켜 세우는 데 공로가 큰 김무일 부회장 등 쟁쟁한 동기들과 친우였으며, 사대부고 졸업 후 와세다 대학을 마쳤다.

이건희 회장은 이후 국민학교 때부터 잘 알고 지낸 일본 사회와 그 업계, 그 국민성을 지켜보며 한국 사회와 기업이 어떻게 어느 분야에서 두각을 나타내며 세계를 제패할 것인가를 스스로 탐구했다. 그 혜안과 집념은 전자산업 분야로 집중되며 한국을 세계 속에 일등국으로 끌어올리는 데 온 힘을 다했다. 대통령도 아닌 일개 사업가가 세계적인 일류국가로의 발돋움을 이룩한 것이다.

1960년대 독일을 위시한 유럽에서는 어느 나라도 한국이란 존재를 아는 사람들이 없었다. 아시아인은 모두 중국 아니면 일본인이었다. 어쩌다 내게 "중국 분이세요?" 또는 "일본인이세요?"라고 물으면 너무나 섭섭해서 단호하게 "아니오, 한국 사람입니다"라고 답했다. 그러면 "아, 그 전쟁으로 폐허가 된 나라 아닌가요?"라고 되묻는 것이 보통이었다.

참으로 비참한 나라였고 그렇게 세계가 인식한 나라였다. 그렇게 비참한 나라의 개념을 바꾼 것은 88올림픽이다. 80년대 중반이 되어 내가 국제회의로 외국을 갔을 때 독일

대표가 삼성 노트북을 자랑하며 이게 너희 나라 삼성 노트북인데 너무나 훌륭하여 네게 자랑하고 싶다고 하였다.

물론 나는 마음 뿌듯했고 제자였던 이건희의 삼성이 그렇게 세계를 제패할 줄은 미처 몰랐다. 내가 2004년 인도 회의에 참석했을 때는 삼성중공업이 뉴델리시의 지하철을 건설하고 있었다. "너네 나라가 일본을 제치고 이 지하철을 놓고 있다"며 나보다 더 좋아하는 인도 대표를 보며 나는 고마웠다.

나는 행복했고, 나도 모르게 한국인이라는 자부심을 느끼게 되었다. 국내에서는 삼성이 진짜 한국 기업이냐 왜 외국기업 행세를 하느냐고 비난이 쏟아졌다. 여전히 엽전 근성이 팽배해 있었다. 국내에서는 여전히 필요 없는 비난과 질시로 세계 속에서 대한민국의 위상에 지각변동이 일어나고 있음을 인지하려고도 하지 않았다.

이러한 환경 속에서 이건희 회장은 우리나라 스포츠계와 문화계에 골고루 관심을 가지며 말없이 후원했다. 그는 예술과 스포츠 그리고 국가의 위상이 얼마나 중요한지 해외에서 사업을 하며 깨달았을 것이다. 뇌경색으로 갑자기 쓰러진 지 6년여 만에 국민의 애정을 듬뿍 받으며 타계한 한 영웅의 모습은 너무나 겸손하고 따뜻했다. 또한, 온 국민의 애정과 존경을 받으며 떠난 그의 모습에서 우리는 여전히 배우는 것이 많다. 참 고마운 일이다.

2009.10.

♪

문화도 과학이다

온 국민의 기대와 세계의 주목을 받으며 나로호가 힘차게 공중으로 비상하였다. 하지만 인공위성이 예정 궤도에 진입하지는 못했다. 지구의 궤도를 회전하며 관측된 지표상 소식을 전할 수 있을 만큼 완벽하지 못했기 때문이다.

그동안 과학자들이 쏟아부은 노고와 열정은 고스란히 바다 위에 한 조각 파편으로 사라졌다. 그러나 대한민국 국민은 이 기회를 통해 그동안 우리나라의 과학 정책수립자들이, 특히 우주 과학자들이 얼마나 궁색하고 어려운 조건에서 우주 과학 일에 임하고 있는지를 그 어느 때보다 확실히 알게 되었다. 대통령이 실패를 딛고서야 성공할 수 있음을 강조하며 과학자들을 위로하고 나섰다. 미래는 과학과 문화의 시대라고 외치는 가운데 이번 정부는 과학기술부를 없애고 교육부와 통합해 교육과학기술부를 만들었다. 많은 과학자가 그 섭섭한 마음을 접지 못하고 있는 것이 지금의 현실이다.

러시아나 인도 등의 나라가 만 명이 넘는 우주과학자들을 거느리고 우주과학 분야에 매진하고 있는 동안, 우리나라는 500여 명의 우주 관련 인재들로 러시아의 도움으로 나로호 발사에 심혈을 기울인 바를 국민이 다 알게 된 것은 그나마 '다행한' 일이다.

문화에 종사하는 한 사람으로서 나는 이번 기회에 문화도 과학임을 절실히 느끼는 계기가 되었다. 과학의 어법과 문화의 어법이 다를 뿐이지, 문화 또한 엄연히 투철한 과학 정신을 갖지 않고는 성공할 수 없는 분야다.

인간의 감성과 느낌으로 판가름 나는 문화와 예술의 승산은 나로호 사건과 같이 순간적이어서 사람들은 흔히 문화는 주먹구구식으로 해도 되는 분야로 착각한다. 많은 예술가나 문화에 종사하는 사람들은 적당히 느낌으로 자기 분야에 임해도 된다고 생각한다. 이러한 생각 때문에 문화예술에 종사하는 사람들조차 스스로 과학적인 마인드는 문화를 해치는 요소로 오해하기 쉽다.

　이러한 생각에 바탕을 둔 문화정책으로 급기야는 헤아릴 수 없을 만큼의 낭비와 손실로 이어지고, 문화예술계의 수많은 쓰레기 더미를 양산하는 데도, 그들은 그 위에 군림해 무엇이라도 된 듯 착각하는 경우가 너무 많다.

　특히 과학의 발달로, 미디어예술이 새로운 분야로 개척되며, 느낌과 직관이 강조되는 이 시대에 사이비예술과 진정한 가치를 가지는 예술을 식별하지 못한 채, 대중이 이끄는 포플리즘의 큰 물줄기는 자칫 문화의 미래를 오도하게 된다. 그리하여 우리는 특히 문화인들은 문화가 과학적 사고에 바탕을 두고 '느낌과 직관'을 수용하며 열정과 도전 정신으로 작품을 만들어 대중의 가벼운 물줄기에 깊은 심지를 심어야 할 때임을 알아야 한다.

추천의 글

문향(文香) 가득한 한국 연극계의 소사(小史)

한명희 전 국립국악원 원장

 유익한 책이 나왔다. 한국 공연예술의 진수를 적확히 기술해낸 진솔한 책이다. 이 책에서 양혜숙 교수가 제시한 한국문화의 두 축, 곧 신바람과 절제미를 접하자마자 나는 이내 저자의 혜안과 깊은 통찰력을 알아챌 수 있었다. 전통문화 연구자인 필자가 평생을 화두로 삼아 연구해도 오리무중(五里霧中)이던 결론을 무용·연극학자인 양 교수께서는 단박에 짚어냈으니 말이다.

 물론 수천 년간 축적돼온 한 나라의 문화를 한정된 개념의 몇 개 단어로 다 설명하기에는 한계가 있지만, 양 교수께서 피력한 상보적인 두 어휘는 적어도 한국 예술의 정체성을 구명(究明)하는 데 있어서 안성맞춤의 핵심어임은 틀림없는 사실이다.

1980년 전후의 일이 아닌가 싶은데, 당시 공연예술 분야의 글을 열심히 써오던 '글쟁이'들이 모여서 소위 '한국공연예술평론가회'를 결성했다. 그때 양 교수님은 단국대 이태주 교수와 유민영 교수, 성균관대 이상일 교수, 그리고 고인이 되신 한림대 한상철 교수 등과 함께 연극 파트의 평론가로서 젊은 날들을 치열하고도 즐겁게 평단을 누비셨다.

필자는 당시 음악 파트의 일원으로 활동을 함께 했기 때문에 이들 그룹의 분위기나 개성들을 잘 알고 있는 편인데, 한마디로 양 교수님은 그 당시 홍일점(紅一點)인 이유도 있었겠지만, 좌중에서 늘 인기절정이었다. 품격 있는 미모에 키도 훤칠하고 더구나 웬만한 농담들은 화통하게 받아들이며 격의 없이 상황에 화답하니 누구나 지기(知己)처럼 친구 되기가 일쑤였다.

각설하고, 양 교수께서 참 좋은 책을 저술하셨다. 책의 향기는 지식이나 정보의 축적에 있지 않다. 삶의 여정에서 온축(蘊蓄)된 지혜와 경륜에서 배어나기 마련이다. 양혜숙 평론가의 이번 저작물은 그분의 문필역정(文筆歷程)과 연극계의 한 시대상(時代相)이 고스란히 녹아있으니 가히 문향(文香)이 가득한 소중한 기록물이 아닐 수 없다.

공연계의 대모가 들려주는 멋진 증언

조우석 문화평론가

제가 암송하는 시가 몇 개 있습니다. 그중 하나가 〈성북동 비둘기〉로 유명한 시인 김광섭의 〈고향〉으로 1930년대에 발표된 시입니다. 일본강점기 당시 동경 유학을 다녀왔던 엘리트 청년의 눈에 식민지 조선이 어떻게 비쳤는가를 더도 덜도 없이 함축하고 있는 서정시입니다. 그의 표현대로 당시 조선 땅은 "고전도 현대도 없는 집"이었습니다. 받들어야 할 조선왕조는 사라지고 없으며 새롭게 구축된 모더니티 역시 찾아볼 수 없는 남루한 현실이었습니다.

고향에 돌아와서/뜰에서 집을 보고/집에서 방을 살

피니/하나도 보잘것없는 집/고전도 없고 현대도 없는 집//나와 동생과 누이들끼리 얘기를 하면/아버지와 어머님은/아무 말씀도 없으시다/그들은 늙으셨고/나는 돌아다니며 슬피 컸다(하략).

우리 앞세대는 그렇게 살아왔다는 문학적 증언인데, 김광섭이 예사로운 시인만은 아니었습니다. 그는 청와대에서 근무했던 고위 정치인이기도 했죠. 하지만 옛 시절 한국인은 너와 나를 굳이 따질 게 없이 대부분 "돌아다니며 슬피 컸"던 게 사실입니다. 한국인으로서의 자존감은 말할 것도 없고, 지금은 사어(死語)가 된 이른바 엽전 의식을 되씹으며 열패감, 무력감 등으로부터 자유롭지 못했죠.

거기로부터 집단 졸업을 했던 게 1988년 서울올림픽 전후라고 저는 알고 있습니다. 지금은 그때와 또 달리 세계인이 한국의 매력을 다시 보고 있고 한류와 K-컬쳐가 지구촌의 일상으로 자리 잡은 2020년대입니다. 정말이지 문화사적 기적이 아닐 수 없습니다. 우린 그 변화과정의 복판을 살아왔으니 더욱 뿌듯합니다. 그게 전부가 아닙니다. 우리 앞에 앞으로 더 놀라운 앞날이 펼쳐질 수 있다는 전망에 저는 기꺼이 공감하는 쪽입니다.

이런 얘깁니다. 2차 세계대전 이후 독립한 나라 중 외국에 식민지를 갖지 않은 채 선진국 반열에 올라선 건 우리나라와 대만 딱 둘이랍니다. 그렇다면 그야말로 '선하고 강한 대한민국'이 10년 뒤, 20년 뒤에 출현해 지금과 또 다른 위상을 보여준다는 겁니다. 제가 잘 아는 어떤 분은 그걸 팍스 코리아나라고 앞당겨 표현합니다. 어쨌거나 성공적 모던 세계를 구축한 이후 우리는 고전 즉 근대 이전의 문화도 새롭게 들여다보는 중입니다.

생동감 넘치는 제목이 산뜻한 단행본 〈사람은 무엇으로 신나는가〉가 이때를 맞춰 나온다는 건 우연만은 아닌 듯합니다. 명색이 평론가인 저는 행운아라서 양혜숙 선생님의 책 원고를 먼저 살펴볼 기회가 있었습니다. 지난 한 달여 이 책에 수록된 글 수십 꼭지를 곶감 빼먹듯 이리 음미하고 저리 살펴보며 혼자 미소를 띠고 했던 게 몇 차례인지 모릅니다.

선생님은 원고를 보내주면서 "버리기엔 좀 아까운 짧은 글들을 모아놓았다"고 하시던데, 그건 겸손의 말씀입니다. 실은 1960년대 이후 이 땅을 무대로 펼쳐져온 거의 모든 공연예술 장르의 흐름을 담아낸 폼 나는 증언입니다. 그냥 이모저모가 아니고, 한극이란 카테고리에 집어넣고 들여

다보는 작업이라서 소중합니다. 아는 분은 아시겠지만, 선생님의 별명이 '공연예술계의 대모'입니다. 이름에 딱 어울리는 멋진 작업을 이번에 하신 거죠.

이 책을 읽다 보니 그동안 잘 안 보이던 것들이 눈에 들어올 뿐더러 시인 김광섭이 우리에게 없다고 그렇게 한탄했던 고전과 현대의 디테일까지 매혹적으로 새롭게 보입니다. 맞습니다. 그건 근현대 이후 펼쳐져 온 한국인의 마음이 외부로 드러난 몸짓과 표정에 번지수를 부여하는 작업입니다. 실은 저는 그동안 우리가 어떻게 살아왔고, 정말로 누구인가에 대한 한국인 모두의 공부가 과연 충분한가를 종종 물어왔더랍니다.

그건 딱히 누가 그렇다는 게 아니고 동시대 한국인 대부분이 그렇다는 뜻입니다. 이 책의 출간을 계기로 그 빈칸이 채워지길 기대합니다. 실은 '사람은 무엇으로 신나는가'가 모색하는 영역은 공연예술의 차원을 넘습니다. 어쩌면 그건 인문학적 성찰 하나가 아닐까 싶습니다. 인문학이 뭐 별것인가요? 인간다움 그리고 우리네 사는 꼴과 내일에 대한 총체적 모색이 아니겠습니까?

얘기가 좀 딱딱해졌지만, 이 책 곳곳에서 경탄을 반복했습니다. 그건 얼마 전에 노벨문학상을 받은 페터 한트케를 일찌감치 1960년대에 한국 사회에 소개했던 저자의 안목에 대한 경의만이 아닙니다. 이 책 곳곳에는 우리 소리의 한 축을 맡은 소리꾼 박병천의 저 멋들어진 구음, 의젓하기 짝이 없는 여창 가곡의 진면목인 김월하 등에 대한 찬사를 만날 수 있습니다. 국악의 멋스러움을 좋아하는 저 같은 음악광에게 그런 게 다 짜릿했습니다.

그게 "우리 것은 좋은 것이여" 하는 식의 섣부른 자기만족만이 아니고 보편 문화의 큰 그림과 함께 하니 더 좋았다는 고백입니다. 무엇보다 이렇게 눈 밝은 분이 멀지 않은 곳에 있다는 게 얼마나 든든한지 모릅니다. 실은 저는 양혜숙 선생님의 이웃사촌이거든요. 같은 서울 은평구이고, 두어 블록 떨어진 곳에서 사니까 우린 늘 곁에 있는 느낌입니다.

한가지 오해를 덜어드릴까 합니다. 아까 전통 굿과 같은 샤머니즘과 불교 의례 등을 두루 언급했지만 그렇다고 선생님이 괜한 의고주의(擬古主義)자 내지 시대착오적 복고주의자는 아닙니다. 한극을 말하고 한국인 삶의 전부를 새롭게 더듬다가 보니 그렇게 됐다는 뜻이겠지요. 실제로 선생님은 일상 대화에선 한국 근현대사의 전개에서 기독교의 역할이 얼마나 컸는가를 선선히 인정하는 분입니다. 동시대인으로 균형이 꽉 잡혔다는 뜻입니다.

뿐인가요? 논란 많은 사회 이슈에 대해 저와 뜻이 척척 맞으니 선생님과 말을 섞는 과정은 항상 즐겁습니다. 그러다가 새 책에 제 글까지 더해지니 얼마나 귀한 인연인지 모릅니다. 이 글은 추천사가 아닙니다. 한세대 아래인 제가 어찌 감히 추천을 하네 마네 하겠습니까? 공연예술계의 대모가 들려주는 멋진 문화사적 증언에 추임새를 넣는 마음으로 한달음에 썼습니다.

공연예술계의 대모, 양혜숙

김동호 전 문화부 차관

양혜숙 선생은 우리나라 공연예술계의 대모다. 서울대학교에서 독어, 독문학을 전공한 후 독일 튀빙겐대학에서 독어독문학과 철학으로 석사학위를 받았다. 귀국해서는 이화여자대학교에서 독어독문학 교수로 활동하다가 공연예술 분야로 그 활동 영역을 넓혀 나가면서 우리나라 공연예술 분야를 선도하는 핵심적인 역할을 해오고 있다.

1980년대, 한국공연예술원, 한국연극평론가협회, 여성연극협회 등의 창립을 주도했고 국제극예술협회(ITI) 한국본부 회장과 아태지역 회장을 역임했을 뿐 아니라 각종 국제회의에 한국 대표로 활동하면서 우리나라 공연예술의 발전을 이끌고 국제적 위상을 높이는 데에도 크게 공헌해 오셨다.

90세를 바라보는 지금도 평론가로, 때로는 제작자나 연출가로, 왕성하게 활동하고 계신 현역이다.

이번에 그간 집필해오신 글을 모아 〈사람은 무엇으로 신나는가〉를 펴내셨다. 문화예술 전반을 아우르는 해박한 지식과 정곡을 찌르는 혜안을, 삶에 관한 성찰과 철학을 담은 귀중한 자료다.

양혜숙 선생님의 책 출간을 진심으로 축하드리면서 앞으로도 우리나라 공연예술의 발전을 이끌어주시기를 기대한다.